Vom Hitlerjungen zum Liberalen –
von Ostpreußen nach Bremen

Vom Hitlerjungen zum Liberalen – von Ostpreußen nach Bremen

GEORG v. GROELING-MÜLLER

im Gespräch mit
Claus Jäger und Carsten Jäger

Bibliografische Information der Deutschen Nationalbibliothek:
Die Deutsche Nationalbibliothek verzeichnet diese Publikation
in der Deutschen Nationalbibliografie;
detaillierte bibliografische Daten sind im Internet
über dnb.dnb.de abrufbar.

© 2021 Georg v. Groeling-Müller, Claus Jäger & Carsten Jäger
Satz, Umschlaggestaltung, Herstellung und Verlag:
BoD – Books on Demand, Norderstedt

ISBN 978-3-7534-8714-4

Vorwort

Nur noch wenige Menschen haben die nationalsozialistische Gewaltherrschaft und den Zweiten Weltkrieg bewusst erlebt und können Zeugnis ablegen über diese Zeit. Persönliche Erinnerungen trüben sich ein, sie verändern sich und mischen selbst Erlebtes und Gehörtes gelegentlich neu. Sie können aber auch klarer werden, weil nachträgliche Erfahrungen und spätere Erkenntnisse den erlebten Augenblick erst im Nachhinein fassbar machen. Manche vermeintliche Nebensächlichkeit bekommt erst in der Rückschau eine Bedeutung. Deshalb sind Berichte von Zeitzeugen eine wichtige Ergänzung zu schriftlichen, bildlichen oder materiellen Quellen.

Freiheit, Toleranz, Fairness und Wohlstand sind nicht selbstverständlich. Sie müssen in jeder Generation aufs Neue erstritten und verteidigt werden. Um das Bewusstsein für ihre latente Gefährdung zu schärfen, sind generationenübergreifende Gespräche und das einander Zuhören und Fragen unerlässlich.

Georg v. Groeling-Müller wuchs behütet auf – in der verschwundenen Welt der ostpreußischen Güter. Er hatte Zugang zu guter Bildung, Literatur und Kunst. Und doch waren er und seine Mitschüler nicht gefeit vor den Versuchungen und Versprechungen eines totalitären Regimes. Sie ließen sich faszinieren und blenden und reflektierten die Verstrickungen oft erst im Nachhinein. Es ist leicht für Nachgeborene, darüber zu richten. Viel schwerer ist es, wenn die Beteiligten selbst offen sprechen, ohne ihr damaliges Denken und Handeln zu verteidigen.

Noch als Jugendlicher wurde Georg v. Groeling-Müller Soldat, wurde schwer verwundet, erlebte den Verlust der Heimat und die Mühen des Wiederaufbaus. Er lernte wie viele andere junge Menschen erstmals die Stärken der Demokratie kennen – besonders dank us-amerikanischer Unterstützung. Er wurde zum leidenschaftlichen Parlamentarier, anerkannten Bildungspolitiker und Streiter für Toleranz und fairen Wettbewerb.

Seit sechs Jahrzehnten gehört Georg v. Groeling-Müller zu den prägenden Persönlichkeiten der Bremer Liberalen. Bis heute engagiert er sich ehrenamtlich nicht nur politisch, sondern besonders auch für kulturelle und soziale Initiativen. Insofern ist dieses Buch auch eine verdiente Würdigung eines Lebenswerks, für die seinen Gesprächspartnern Claus Jäger und Carsten Jäger zu danken ist.

Dr. Hermann Otto Solms, MdB
Ehrenvorsitzender der Freien Demokratischen Partei

Einleitung

1927 gelingt Charles Lindbergh der erste Nonstopflug von New York nach Paris. Die junge Weimarer Republik ringt mit den Folgen des Versailler Vertrages und müht sich um Akzeptanz und inneren Frieden. Max Schmeling erboxt sich in der Dortmunder Westfalenhalle seinen ersten großen Titel und wird Europameister. In Berlin kommt es zu schweren Straßenschlachten zwischen Nationalsozialisten und Kommunisten. In den Kinos läuft Fritz Langs futuristischer Großstadtfilm Metropolis. Und in seinem niederländischen Exil hackt der abgedankte Kaiser Wilhelm ll. Holz und hofft auf die Rückkehr auf den Thron. Der greise Reichspräsident Paul von Hindenburg wird von vielen als Ersatzmonarch verehrt, während der Zentrumspolitiker Wilhelm Marx als Reichskanzler versucht, mit einer bürgerlichen Koalition zu regieren – unter Einschluss der eher linksliberalen DDP. Aufbruch oder Rückkehr zum Alten – eine Orientierung suchende Unrast ergreift das Land und polarisiert es. Maß und Mitte haben es schwer. In der Nähe von Halle an der Saale wird Hans-Dietrich Genscher geboren und am 15. April auf einem Gut in Ostpreußen Georg v. Groeling-Müller.

Zeiten und Umstände prägen Menschen, zeichnen ihr Leben aber nicht vor. Sie erklären manches, entbinden aber nicht von individueller Verantwortung und Entscheidungsfreiheit – von der Freiheit zur Verantwortung. Das zeigen Lebensläufe wie der von Georg v. Groeling-Müller beispielhaft. Er hat in drei politischen Systemen gelebt – in der Weimarer Republik, in der nationalsozialistischen Diktatur und in der Bundesrepublik. Aufgewachsen in einem agrarisch und militärisch geprägten Umfeld und einem konservativen Elternhaus lebt und wirkt er seit einem Dreivierteljahrhundert in der Freien Hansestadt Bremen. Aus diesem mehrfachen Perspektivwechsel und dem großen Erfahrungsschatz eines langen Lebens ergeben sich viele Fragen, deren Antworten dieses Buch zumindest in einem bescheidenen Umfang liefern soll. Wie prägend waren Hitlerjugend und Krieg? Wie hat sich das Verständnis von Individualität und eigener Verantwortung entwickelt? Wie führte der politische Weg zu den Liberalen? Wie unterscheiden sich heutige Debatten von früheren?

Wir haben Georg v. Groeling-Müller zu unterschiedlichen Zeiten kennengelernt und beobachten und begleiten ihn seitdem. Die Fliege als modisches Markenzeichen trägt er inzwischen seltener, sonst ist er sich treu geblieben. In seinem breit gefächerten Interesse für Politik, Kultur und Menschen, die es im Leben schwerer haben. In seiner Offenheit für Neues. In seinem Engagement und der Unterstützung für zahlreiche Initiativen. In seiner aktiven Teilnahme an Veranstaltungen und Diskussionen. Ein im besten Sinne streitbarer Liberaler mit wahrnehmbarer Stimme – auch ohne Mikrofon. Er pflegt eine deutliche Sprache und sorgt zugleich dafür, dass auch der andere zu Wort und dessen Meinung zur Geltung kommt: Audiatur et altera pars – man höre auch die andere Seite! Diese klassische Maxime wird in aktuellen schwarz-weiß Debatten leider viel zu oft ignoriert.

Ein Gespräch ist eine Momentaufnahme, dessen Verlauf morgen schon ein anderer wäre. Das macht das Besondere aus. Ein langes Leben kann nur in Ausschnitten erzählt werden, viele Ereignisse, Gedanken und Begleiter müssen unerwähnt bleiben. Manche Frage ist nicht gestellt worden, manche Nachfrage unterblieb, um andere Themen nicht auszulassen. Zeit und Buchdeckel setzten Grenzen. Es konnten auch nicht alle Hintergründe durch Anmerkungen beleuchtet werden. Dafür bitten wir um Verständnis.

Georg v. Groeling-Müller danken wir für seine Offenheit und sein Vertrauen und seiner Frau Sabine für ihre herzliche Unterstützung.

Claus Jäger und Carsten Jäger
Bremen, im März 2021

>> *Carsten Jäger: Was ist Ihre früheste Kindheitserinnerung? Und wenn es keine Szene ist, vielleicht Stimmungen oder Eindrücke?*

Die früheste Kindheitserinnerung ist die an unser Gutshaus, das Gutshaus der staatlichen Domäne, die meine Eltern gepachtet hatten. Das war ein großes Fachwerkhaus mit beeindruckendem roten Ziegeldach. Das war von außen mit Holzbohlen und weißen senkrechten Latten versehen. Die Grundmauern aus großen behauenen Feldsteinen. Das habe ich in Erinnerung und ansonsten unseren Garten, ei-

1. Gutshaus Karolinenhof

nen parkähnlichen Garten, der sich an das Gutshaus anschloss. Durch eine Allee stattlicher Linden führte der Weg zu einem Rondell mit Rosen vor die Gartenfreitreppe. Die war links und rechts eingerahmt von jeweils einer Linde und führte auf die Veranda, von der man einen schönen Blick über eine abfallende Rasenfläche zum Teich und über eine Tannenhecke zur Bahnstrecke Osterode-Hohenstein und zum Nachbardorf hatte. Da mein Vater[1] keine Arbeiter vom Hof freistellen wollte, blieb der Garten ziemlich ungepflegt. Gelegentlich wurden Kutschpferde auf den Rasen geführt, den sie abweideten. Am Wochenende an schönen Sommertagen zogen meine Eltern mit uns Kindern hinten in den Obstgarten. Dort lagen wir auf Decken und ließen uns von der Sonne bräunen.

>> *Carsten Jäger: Wo war das Gutshaus, wie hieß der Ort?*

Karolinenhof, Gemeinde Döhringen, Kreis Osterode / Ostpreußen. Die frühesten Erinnerungen sind sicher auch an unser Kinderzimmer. Da waren mein Bruder und ich untergebracht, im ersten Stock, mit Blick auf den Hühnerhof, über einige Sträucher hinweg. Da konnte man zwischen die Bodendielen noch die Kinderfinger stecken. Und ich erinnere mich noch, dass sich unter den Dielen Bienen eingenistet hatten. Wilde Bienen, die haben uns ziemlich lange begleitet. Irgendwann waren sie ausgezogen. Und ich erinnere mich an Gebräuche, die wir zu Ostern machten. Da gab es bei uns „Schmackostern", wie wir es nannten. Da kamen einige Jugendliche aus unserem Dorf in das Gutshaus. Sie hielten Kaddig-Äste, Wacholder, in den Händen. Damit wurden wir morgens aus dem Bett gescheucht mit dem Spruch: „Schmackoster, schmackoster, gib Eiercken zu Ostern!" Sie bekamen entweder Geld oder Schokoladeostereier. Eine weitere Geschichte aus meiner Kindheit, die mir so deutlich in Erinnerung ist: Unsere Steckdosen waren nicht die besten, sie waren zum Teil zerbrochen und nicht ersetzt worden. Wir kamen auf eine tolle Idee, Mutproben zu machen, indem wir die Finger auf beide Pole setzten. Dann bekam man einen Schlag. Dann kamen wir auf die Idee, da könnte man noch eine Kette aus Kindern dranhängen. Der Schlag teilte sich dann unter drei oder vier Besuchern (lacht). Manchmal bin ich mit meinem Bruder und anderen Jungs auch auf unseren Dachboden geschlichen. Dort hing gelegentlich Wäsche und es gab einen sogenannten Grudewärmer für Putenküken im Frühjahr. In der anderen Zeit diente uns der Ofen als Versteck für die Zigarren, die wir meinem Vater stibitzt hatten und die wir dort heimlich rauchten.

» *Carsten Jäger: Haben Sie mit den Kindern im Dorf gespielt?*

Ja. Ich vor allem, die Geschwister weniger. Da gab es eine Reihe von Jungs, mit denen ich auch später zur Schule ging. Wir haben in dem Straßengraben, in dem bei Regen viel Wasser floss, die Ströme umgeleitet und gestaut (lacht). Oder wir haben im Park Fußball gespielt. Gelegentlich gab es auch Kampfspiele zwischen der Jugend der Dörfer Rhein und Karolinenhof. Die Grenzlandschaft zwischen den Gütern war dafür besonders geeignet. Zuerst flogen Stöcker, später gelegentlich auch Steine.

» *Carsten Jäger: Wo sind Sie zur Schule gegangen?*

In Döhringen, dem Zentrum unserer Gemeinde. Dort gab es eine Volksschule, heute ist sie ein Gymnasium für die ganze Gegend.

» *Carsten Jäger: Die Schule gibt es noch?*

Diese Schule gibt es noch, sie besteht aus dem Altbau, vorne mit zwei Klassenräumen für jeweils vier Jahrgänge. Im Klassenraum rechts wurde die erste bis vierte Klasse unterrichtet. Von der ersten bis zur dritten Klasse bin ich zusammen mit meinen Geschwistern in demselben Klassenraum unterrichtet worden. Anschließend wurde ich von einer Hauslehrerin auf die Aufnahmeprüfung in die Oberschule, hier würde man Gymnasium sagen, vorbereitet. Die habe ich dann bestanden (lacht). Ich bin anschließend in die Herder-Schule in Mohrungen, der benachbarten Kreisstadt, gegangen. Mein Vater wollte nicht, dass wir das Gymnasium in Osterode besuchten, in dem er Abitur gemacht hatte. Hier begann man mit Latein und setzte mit Griechisch fort, ein typisch altsprachliches Gymnasium. Und er sagte, die Kinder sollten Chemie und Physik lernen und nicht die alten Sprachen. So wurden wir in Mohrungen in einem Schülerheim untergebracht, erst ich, später mein Bruder Hubertus[2]. Meine Schwester Maleen[3] kam nach Osterode in die Mädchenschule.

» *Carsten Jäger: War für Sie vorgesehen, dass Sie den Gutsbetrieb übernahmen?*

Ja, die Hoffnung meines Vaters habe ich ziemlich schnell enttäuscht. Ich wollte die Landwirtschaft nicht übernehmen. Von vornherein nicht.

» *Carsten Jäger: Und Ihr Bruder auch nicht?*

Wir hatten klare Ziele. Ich wollte Soldat werden. Bei uns im Hause verkehrte ein Teil der Offiziere aus der Garnison in Osterode. Die imponierten mir am meisten, meinem Bruder überhaupt nicht. Der wollte Forstwirtschaft studieren, wie unser Vetter Joachim Zacher[4]. Der Handkuss war die übliche Begrüßungsform von Herren gegenüber den Damen. An viele der netten und sympathischen jungen Offiziere erinnere ich mich nicht mehr, doch einer blieb mir in Erinnerung, der „Onkel mit dem Guckrädchen", dem Monokel: Freiherr von Seherr-Thoß, der sich rührend um uns Kinder kümmerte.

» *Carsten Jäger: Was imponierte Ihnen an den Soldaten?*

Tja, als kleiner Bub die Uniform. Später die Ausrüstung. Sie kamen in den ersten Jahren mit Pferden zu uns auf das Gut. Im Herbst fanden auf den Gütern Reitjagden statt. Es wurde hinter einer Fuchsattrappe über die Felder gejagt. Einmal im Herbst waren wir dran, dann die Nachbarn. Dorthin fuhren wir auch. Zum Abschluss wurde dem Sieger feierlich ein Eichenlaub überreicht.

Das endete mit Kriegsbeginn. Ich erinnere mich noch an den Besuch meines Großvaters, der bei uns einen Rehbock schoss. Mein Vater lehnte das Jagen total ab. Die Jagdrechte wurden an meinen Großvater v. Groeling[5] übertragen.

» *Carsten Jäger: Pflegte man Kontakt zu den anderen Gutsfamilien?*

Ja. Wir hatten einen sehr engen Kontakt mit den Nachbarn im Gut Rhein[6], einen Kilometer weiter. Drei Kinder waren so alt wie meine Geschwister, das Jüngste war noch kleiner. Das war ein richtig enges freundschaftliches Verhältnis. Ich war oft drüben. Im ersten Schuljahr, und ich glaube, auch im zweiten, war ich auch oft bei den anderen Nachbarn auf dem Gut in Döhringen. Da gab es drei Kinder, mit zweien war ich später im Schülerheim, also im Internat in Mohrungen. Durch deren Anregung kamen meine Eltern überhaupt dazu, mich auf die Herder-Schule in Mohrungen zu schicken. Aber mein Vater zerstritt sich mit denen, weil sie unseren Melkermeister abwerben wollten. Unser Melkermeister war ein toller Spezialist. Wir brauchten keinen Tierarzt. Der war Tierheilkundiger. Er hatte sich die Kenntnisse angeeignet – für Kühe, nicht für Pferde.

» *Carsten Jäger: Welche Wirtschaftszweige hatte das Gut? Ackerbau? Viehzucht?*

Alles, es war nicht spezialisiert. Zum Gut gehörten ca. 1000 Morgen mit 50 Milchkühen und Jungvieh, Schweinezucht ebenfalls. Damals waren das normale Verhältnisse. Wir lebten von dem Verkauf von Milch und von Schweinen, wenn die gemästet waren, und vom Ackerbau im Wesentlichen. Also, ich könnte aufzählen: Vier Gespanne á vier Pferde, zwei Kutschpferde, zwei Pferde für die Milchwagen. Letztere fuhren die täglich anfallende Milch zwei Güter weiter zu meinen Urgroßeltern. Die besaßen eine Molkerei, die im Dritten Reich geschlossen wurde. Dann musste man die Milch in die Molkerei in der Kreisstadt fahren. Der Milchwagen war vorher ein schlichter Wagen mit eisenbeschlagenen Holzrädern. Kaum ging es in die Kreisstadt, gab es den ersten Wagen mit Gummirädern, also Autoreifen.

» *Carsten Jäger: Sie sind Jahrgang 1927 und dann 1933 eingeschult worden?*

1933 ging es in die Schule. Angemeldet waren drei Jungs und ein Mädchen aus unserem Dorf. Diese wurden am ersten Schultag die 2,5 Kilometer zur Schule mit dem Kutschwagen gefahren. Es war ein kalter April. Wir vier Schulanfänger saßen dicht gedrängt in der Kutsche, ausgerüstet mit Schiefertafeln und Griffelkästen. Es gab eine feierliche Begrüßung durch den Lehrer Klink, ein Name, den ich noch erinnere. Meine Mutter[7] verlangte eine strenge Behandlung ihres Sohnes, notfalls auch mit Schlägen. Das hat er aber bei mir nicht gemacht. Er schlug bei mir immer daneben, wenn wir Jungs zur Strafe die Hände ausstrecken mussten.

2. Georg v. Groeling-Müller nach der Einschulung 1933

» *Carsten Jäger: Haben Sie in dem Alter schon etwas von den politischen Umwälzungen mitbekommen?*

Nein, nein. Gerade zu Beginn der Schulzeit tagte bei uns der Landfrauenverein, da wurde im Winter vorgelesen, meine Urgroßmutter[8] konnte sehr gut vorlesen. Meine Mutter löste sie ab. Der Landfrauenverein wurde überführt in die NS-Frauenschaft. Meine Mutter tat gerne mit, meine Urgroßmutter distanzierte sich dann davon. Sie erschien nicht mehr zu dem NS-Frauenverein. Das war nichts für die alte Dame, das war nicht „ihre Tüte".

» *Carsten Jäger: Und wie war es mit Ihnen selbst? Traten irgendwann Jungvolk und Hitlerjugend an Sie heran?*

3. Vater mit Großeltern

Mit neun Jahren wollte ich zur Hitlerjugend. Meine Großmutter[9] wohnte 15 Kilometer weiter auf dem Gut Mörlen bei Osterode. Sie lehnte das Dritte Reich und Hitler ab. Trotz ihrer Abneigung gegen das Dritte Reich fuhr meine Großmutter 1936 auf meine Bitte hin mit mir in die Stadt und kaufte bei Thiel & Döring in Osterode, dem ersten Haus am Platze, eine Jungvolkuniform. In Döhringen gab es schon sehr früh eine Jungvolkgruppe, angeführt vom Sohn des Ortsgendarmen. Diese Gruppe hatte es mir Neunjährigem angetan mit ihren Geländespielen, den Lagerfeuern am Abend und den Singabenden, was mir sehr imponierte. Auf diese Weise kam ich schon mit neun Jahren zum Jungvolk, und nicht erst mit zehn wie es üblich war. Zurück zu meiner Großmutter: Ich bin als Bub bei ihr gewesen, und da ging es um die Wahl des Reichspräsidenten. Sie sagte: „Ich wähl den Hitler nicht, ich wähle selbstverständlich Hindenburg!" Ihr Leben lang hat sie aus dem Dachfenster ihres Gutshauses, wenn geflaggt werden musste, schwarz-weiß geflaggt, die preußischen Farben. Sie nannte die schwarz-rot-goldene Flagge „schwarz-rot-mostrich". Also auch die Demokratie wurde abgelehnt. Sie korrespondierte mit dem alten Kaiser in Holland, und auf ihrem Schreibtisch stand ein Bild von Wilhelm II.

» *Carsten Jäger: Also war sie Monarchistin und trauerte der Monarchie hinterher?*

Sie trauerte sicher der Monarchie nach.

» *Carsten Jäger: Wurde darüber im Familienkreis bei Tisch debattiert?*

Nein, darüber wurde bei meiner Großmutter nicht debattiert. Gelegentlich schimpfte sie über Hitler, „dieser Verbrecher". Auf meine Frage, warum sie unseren Führer so beschimpfte, antwortete sie: „Dein Großvater hat ihn auch Verbrecher genannt." Mein Großvater Müller war 1932 gestorben. Er saß auch mal im Stadtrat von Osterode, ich meine für die Liberalen. Mein Vater musste meine Großmutter auch einmal auslösen, sozusagen. Als Leute kamen, die Geld für ein Flugzeug für Hitler sammelten als Dank für seine Verdienste für die ostpreußische Landwirtschaft, warf meine Großmutter sie raus. Ich muss da etwa sieben Jahre alt gewesen sein. Mein Vater

4. Reichspräsident Hindenburg in Mörlen

musste hinterher diese Leute aufsuchen und um gut Wetter bitten, damit es ja nicht Schwierigkeiten gäbe. Er hat dann aus eigener Tasche den Anteil bezahlt, den sie hätte bezahlen müssen.

» *Carsten Jäger: Würden Sie sagen, dass Ihr Vater unpolitisch war oder wollte er sich nur arrangieren?*

Er wollte sich nur arrangieren. Aber die Geschichte ist natürlich lang und auch nicht uninteressant. Mein Vater war begeisterter Reiter und in den Zwanzigerjahren Mitglied beim Reiterstahlhelm geworden. Bis 1933. Als der Stahlhelm die Hakenkreuzbinde anlegte und seine Gruppe der Reiter-SA eingegliedert wurde, trat er aus dem Stahlhelm aus. Es gibt in den Unterlagen noch einen Brief des Stahlhelmvorsitzenden, der gratulierte zur Geburt des Jung-Stahlhelmers Georg. Aber das sind Dinge, die ich hinterher nachgelesen habe.

» *Carsten Jäger: Haben Sie mit ihm später Gespräche über Politik geführt? Also während des Krieges?*

Ja, aber im Prinzip war er nicht politisch. Er versuchte, sich da herauszuhalten. Darüber sprach er nicht so gerne. Mutter war begeistertes NS-Frauenschaftsmitglied, und sie fand das alles richtig und gut. Wir Kinder waren gespalten. Ich und meine Schwester waren gerne zur Hitlerjugend gegangen. Ich ja schon mit neun Jahren im Nachbardorf und nicht erst mit zehn in der Oberschule in Mohrungen, wo alle Mitglied der Hitlerjugend sein mussten. Ich begann also schon vorher freiwillig. Mein Vater ist schon vor Kriegsausbruch in die NSDAP eingetreten, weil der zuständige Regierungsdirektor, dem die Domänen-Verwaltung im Bezirk unterstand, sagte: „Ihr Gut wird jetzt zur Verpachtung neu fällig, da müssen Sie in die NSDAP eintreten." Der Regierungsdirektor war ein alter Sozialdemokrat, strafversetzt von Stade nach Ostpreußen. Im Rahmen der Inspektionen der Domänen besuchte er uns mehrfach im Jahr. Er war ein hochintelligenter Mann. Meine Mutter führte Gespräche über Kunst und Literatur mit ihm. Wir haben eine sehr gute Freundschaft gehalten. Nach dem Krieg kehrte er nach Stade zurück in die dortige Bezirksverwaltung. Er hieß Skalweit. Mein Vater galt aber bei der NSDAP im Kreis Osterode als „politisch unzuverlässig".

» *Claus Jäger: Wem gehörte das Gut, das Deine Eltern als Pächter bewirtschafteten?*

Es gehörte der staatlichen Domänen-Gesellschaft. Diese war eine Abteilung der Bezirksregierung. Zu dem Gut gehörten vier Arbeiterhäuser: Drei große mit Dachpappe gedeckt für 13 Arbeiterfamilien und ein ziegelgedecktes Haus für den Melkermeister – den Ober-Schweizer[10] – und unseren Schmiedemeister, dem ich oft zuguckte. Alle Mitarbeiterhäuser hatten einen kleinen Garten, ein größeres Stück Land für den Kartoffel- und Gemüseanbau, eine Toilette mit Plumpsklo und einen Stall für ein bis zwei Schweine auf dem Hinterhof. Das Wasser mussten alle aus dem Brunnen auf dem Hinterhof pumpen. Die Wohnungen waren sehr bescheiden. In den Fünfzigerjahren habe ich einige ehemalige Mitarbeiter in ihren eigenen Siedlungshäusern in Westdeutschland besucht. Sie waren stolz, das einfache Leben hinter sich gelassen zu haben.

» *Claus Jäger: Gehörte das Gut früher mal einer Familie?*

Ja, es gehörte einem Zweig unserer Familie. Unser Gutshaus war irgendwann mal als Forsthaus gebaut worden. Nun war der Wald rundherum abgeholzt, 2 Kilometer in die Runde. Am Horizont war alles Wald. Dieses Gut wurde vor etwa 150 Jahren von einem entfernten Verwandten seiner Tochter Karoline geschenkt. Ein Vorwerk nannte man das früher. Eine Außenstelle eines Gutes in der Größe eines kleineren Gutes. Irgendwann geriet diese Familie in Geldschwierigkeiten. Sie verkaufte das Gut an den Staat. Damit wurde Karolinenhof Domäne. Später auch das Hauptgut Döhringen. Also der Staat übernahm sie und verpachtete sie. Wie weit das in der Geschichte zurücklag, kann ich nicht genau sagen. Ich habe bloß im Dritten Reich einen Ahnenaufsatz schreiben müssen. Da hat meine Mutter mir sehr geholfen und in alten Geschichten nachgegraben. Unser ganzer Kreis litt damals unter der Pest, die die Leute ausgerottet hatte. Das Land war leer. Mein Ur-Ur-Großvater konnte als preußischer Verwaltungsbeamter sehr viel Land in Anspruch nehmen. Das Komische war: Auf den Gütern hausten ca. 5 – 6 Familien, die nicht wussten, wie sie diese bewirtschaften sollten. Sie haben sich mühsam selber ernährt. Sie waren froh, dass irgendjemand die Leitung übernahm. Aus meiner Jugend ist mir auch in Erinnerung: Mein Vater wurde als Gutsbesitzer „der Herr" genannt. Er war also „der Herr" auf dem Hof. Ich wurde dann von den Mitarbeitern, wenn es feierlich wurde, „der junge Herr" genannt. Meine Geschwister ähnlich. Und ich erinnere mich noch aus meiner Jugendzeit, dass eine alte Köchin, die im Altenkämmerchen wohnte und meine Mutter um Nahrungsmittel bat, ihr als Dank für die Gabe den Rocksaum küsste. Eine Sitte, die in der katholischen Kirche lange üblich war, obwohl wir keine katholische Gegend waren.

» *Claus Jäger: Weißt Du, wie hoch die Pacht war? Musste sie in Geld oder Naturalien gezalt werden?*

In Geld. Und ich weiß überhaupt nicht, wieviel.

» *Carsten Jäger: Ihr Geburtsname ist Müller. Wie kam der Nachname Ihrer Mutter v. Groeling davor?*

Meine Mutter hatte vier Schwestern, keinen Bruder. Damit der Name v. Groeling erhalten bleibt, kam man auf die Idee, ihn meinem Bruder und mir beizufügen. Das hat das Bremer Standesamt aber nicht anerkannt. Die jüngste Schwester[11] meiner Mutter schlug dann vor, mich zu adoptieren. Das haben wir gemacht. Seitdem habe ich eine Mutter und eine „Vizemutter" und trage den Namen v. Groeling-Müller (lacht). Mein Bruder nannte sich Müller-Groeling. Das ging auch ohne Adoption.

5. Vor Ahnenporträts der Familie v. Groeling

» *Carsten Jäger: Sind die Vorfahren alle in Ostpreußen ansässig gewesen?*

22

Jein. Die Vorfahren meines Vaters kamen aus Westpreußen, aus der Gegend von Rypin. Da bin ich nachher beim Arbeitsdienst gewesen und habe nach dem Krieg gelesen, dass dort eventuell noch Ur-Tanten wohnten. Mein mütterlicher Großvater kam aus Schlesien, Ober-Schlesien. Da hatte die Familie einstmals von Friedrich dem Großen, dem II., ein Gut geschenkt bekommen, weil sie Verdienste als Soldaten hatten. Mein Vorfahr Johann Benedikt v. Groeling[12] kehrte nach den Kriegen als General zurück und bekam das Gut geschenkt.

» *Carsten Jäger: Gibt es das Gutshaus Karolinenhof eigentlich noch?*

Nein. Wir haben ein Foto, da sitzen meine Schwester und ich auf den Grundmauern des Gutshauses. Das waren große Feldsteine. Bei uns wurden die Häuser auf ein Fundament aus Feldsteinen gebaut. Es gab viele Steine auf den Äckern in unserer Gegend. Ställe waren aus Feldsteinen gemauert, die Scheunen aus Holz, mit Holzdächern, gedeckt mit Dachpappe. Im Obergeschoss Heu, im Untergeschoss das Vieh. Bei unserem Besuch 1993 waren die Scheunen abgebrannt, alle Ställe und Häuser ein Trümmerhaufen.

» *Carsten Jäger: Gab es einen großen Saal im Gutshaus?*

Nein, wir hatten keinen Saal. Wir hatten ein ordentliches, größeres Esszimmer. Ich habe Schwierigkeiten mit den Quadratmetern. Es gibt zwar Bilder, meine Mutter hat viel fotografiert, die Kinder und Pferde. Gebäude des Gutes waren uninteressant – für sie.

» *Carsten Jäger: Gab es Personal im Haus?*

Es gab anfänglich eine Köchin, ein Zimmermädchen, das die Stuben reinigte und für das Decken des Mittagstisches zuständig war. Und zeitweise ein Kindermädchen. Unsere Köchin Ella war auch für den Geflügelhof zuständig. Ich war gern in der Küche, sah beim Kochen zu oder half gelegentlich aus. In der Urlaubszeit der Köchin konnte ich meine Mutter dann beim Kochen beraten. Wir sind mit der Köchin bis zu ihrem Tod 2018 befreundet gewesen. Sie wurde 100. Wie wir Kinder wohnten die Hausmädchen in Zimmern im Obergeschoss. Alle Zimmer wurden mit Kachelöfen geheizt – wegen der Sparsamkeit meines Vaters aber erst ab spätem Herbst. Bis zum Kriegsbeginn 1939 wurde die letzte Fuhre Getreide jedes Jahr mit einem Erntefest gefeiert. Die Arbeit endete an dem Tag schon mittags. Abends wurde der große Garten zur Dorfstraße geöffnet. Das ganze Dorf zog dann ein, voran eine kleine Kapelle, die engagiert wurde, dann der Kämmerer, gefolgt von den weiblichen Mitarbeitern und schließlich alle Dorfbewohner. Meine Eltern und wir Kinder standen auf der Freitreppe zur Begrüßung. Alle waren festlich gekleidet. Der Kämmerer hielt eine kurze Festansprache. Mit Knicks und Kurzgedichten wurde meinem Vater eine kunstvoll geflochtene Erntekrone überreicht, meiner Mutter und uns Kindern kleine Kränze. Die Krone und die Kränze hingen dann das ganze Jahr in der Veranda. Wir Kinder verteilten dann Münzen an die Kranzbinderinnen, die wir von unserem Vater bekamen. Dann hielt er eine Dankrede. Schließlich zogen alle mit Musik zum festlich geschmückten Getreidespeicher über dem Schweinestall. Bis spät in die Nacht wurde getanzt. Jeder männliche Arbeiter forderte meine Mutter auf, mein Vater bewegte die Töchter und Ehefrauen der Arbeiter über den blanken Holzboden des Speichers. Es gab manche „Bierleiche". Ich half dabei, die Betrunkenen nach Hause zu schleppen.

» *Carsten Jäger: Wie war die Erziehung durch Ihre Eltern?*

Mein Vater war streng, er war selber auch streng erzogen worden. Dazu hatten ihn sicher die Erfahrungen aus dem Ersten Weltkrieg geprägt. Er war sechs Jahre lang russischer Kriegsgefangener in Sibirien, ist erst 1920 von Wladiwostok aus auf ein japanisches Frachtschiff verladen und nach Deutschland transportiert worden. Über diese Zeit hat er wenig erzählt. Er war für uns Kinder immer eine Respektsperson. Ich erinnere mich kaum, dass er mal zärtlich zu uns war. Mir machte er deutlich: „Als Ältester hast Du die Verantwortung". Sicher habe ich ihn auch mal enttäuscht. Dann gab es auch Hiebe. Vater war für alle wichtigen Fragen oder Erlaubnisse die letzte Instanz, zu der uns auch Mutter schickte, wenn sie eine Sache nicht entscheiden wollte. Im Krieg wurde ihm die Betreuung der umliegenden Güter Rhein und Bednarken angetragen. Er wurde nicht eingezogen, wie wir befürchtet hatten, wohl auch wegen seiner langen Kriegsgefangenschaft. Meine Mutter war immer für uns da. Wir fanden auch immer Trost bei ihr, wenn uns Kummer drückte. Sie verband unsere Wunden und beriet das ganze Dorf bei Krankheiten. Und sie sammelte Postkarten von Gemälden berühmter Künstler. So fanden wir Zugang zu Dürer, Lenbach, Schwind, Corinth, der Gruppe der „Blauen Reiter" und auch zu den Bildern unserer Verwandten Oda[13] und Waldemar Rösler[14], Walter Kröhnke[15], Mucki Rösler-Kröhnke[16]. Deren Bilder schmückten auch unsere Wände. Meine Mutter war aber auch sehr praktisch veranlagt. Ich erinnere mich, dass sie Anfang der Dreißigerjahre versuchte, ihr Haushaltsgeld aufzubessern, indem sie Geflügel – Gänse, Enten, Puten – schlachten ließ, alles sorgfältig in Kisten verpackte und an einen Geflügelhändler in Berlin schickte. Und sie kümmerte sich mit großer Sorgfalt um den Gemüsegarten. Meine Eltern waren beide begeisterte Reiter, aber aus Sparsamkeitsgründen wurden in Karolinenhof keine Reitpferde gehalten.

» *Carsten Jäger: Sie sagten vorhin, dass Ihr Berufswunsch als Junge Soldat gewesen sei.*

Ja.

» *Carsten Jäger: Bei Kriegsausbruch waren Sie zwölf. Wie haben Sie das erlebt?*

Bei Kriegsausbruch 1939 versuchte ich sofort nach Hause zu gelangen, zusammen mit dem von mir sehr geschätzten Klaus Bennwitz, Sohn eines Gutsbesitzers. Er ist später gefallen, seine charmante Schwester und der Vater wurden 1945 von Sowjetsoldaten erschossen, die Mutter verhungerte auf dem Bahnhof Osterode. Klaus und ich strandeten zunächst in Liebemühl, der Zug fuhr nicht weiter. Wir kamen erst sehr spät zu Hause an. Bei uns gab es bald Einquartierungen. Da kam eine der Eliten-Divisionen aus Sachsen. Der Offizier wohnte bei uns im Hause, Oberleutnant Müller, deshalb ist mir der Name noch in Erinnerung. Er hinterließ uns seine Jagdgewehre als er dann in den Krieg einrückte. Von den Offizieren, die uns besuchten, brachte einer seinen Fox-Terrier zu uns und sagte: „Wenn der Krieg zu Ende ist, hole ich ihn wieder ab." Wir haben nie wieder etwas von ihm gehört, er ist wahrscheinlich irgendwo geblieben. Er kam aus dem Rheinland – ein Leutnant Kloevekorn.

» *Carsten Jäger: War das im September 1939?*

Das waren die Vorlaufzeiten. Das war ganz spannend, denn von Krieg war noch gar nicht die Rede, aber es wurde Militär konzentriert. Ich erinnere mich an Soldaten, die ein PaK- Geschütz, eine Panzerabwehrkanone, postieren wollten an der Chaussee gen Osten. Und ich riet ihnen, wo sie es am besten aufbauen könnten. Da war ich bei meiner Großmutter in Mörlen, 14 Kilometer von uns entfernt. Die Domäne meiner Großmutter lag nur etwa 10 Kilometer von der damaligen polnischen Grenze entfernt.

» *Carsten Jäger: Und haben Sie da gedacht „Ich wäre auch gerne dabei!"?*

Ja, natürlich. Das war alles sehr spannend. Das war ja in der Schulzeit, zwölf Jahre war ich da alt. Und erst danach begann die richtig militärische Ausbildung bei der Hitlerjugend, also Nachtmärsche, Weitmärsche mit Gepäck über 20 Kilometer. Zu der Zeit besuchte ich die Oberschule in Mohrungen. Eine Oberschule für Jungen, aber auch mit Mädchen, weil es eine bessere Bildungschance für Mädchen in der Gegend nicht gab. Da war am Sonnabend strenger Hitlerjugend-Dienst. Und unsere Internatsleiterin bestand darauf, dass wir zur Hitlerjugend gingen. Sie wollte keinen Ärger haben. Ich denke nur an einen Freund, Sohn eines Gutsbesitzers aus dem Westpreußischen, der sich gerne vor dem Hitlerjugend-Dienst drückte. Den hat sie in ihrem Schlafzimmer untergebracht, wenn die HJ kontrollieren kam. Und ich bin natürlich mit einer Gruppe Hitlerjungen auf einen Siedlerhof gegangen, weil der Sohn des Siedlers nicht zum HJ-Dienst kam. Wir marschierten vor das Haus und verlangten: „Mitkommen! Oder wir schicken die Polizei!" Das war also ganz hart. In unserer Schule gab es drei Parteimitglieder der NSDAP. Ein Schwerkriegsbeschädigter mit einem Arm, ein Lehrer, den wir eigentlich sehr mochten. Der schickte mich anstatt in den Unterricht mit dem Sohn des NS-Kreisleiters los, um irgendetwas in der Stadt zu besorgen. Das durften wir dann tun.

Warum? Ich hatte bei der Abfrage gewusst, wo die „Hauptstadt der Bewegung"[17] liegt. Dieser Lehrer wurde nachher versetzt, irgendwo an eine andere Schule. Es blieb unser Englisch- und Religionslehrer, von Riesen. Der war ein richtig strenger Parteigänger. Es gab unterschiedliche Gruppierungen, die ich nicht mehr so ganz erinnere. Es gab das NSDAP-Mitglied, das eine SA-Uniform trug, braunes Hemd und braune Hose. Unser Direktor war so bekleidet. Der Religionslehrer war in einer anderen Gliederung, der hatte ein braunes Jackett an. Seine Gliederung war höherrangig. Ich weiß es nicht mehr. Und mit dem geriet ich gelegentlich aneinander, z.B. als ich im Kriege mal bei Verdunkelung die Klassentür zuschmiss. Ich saß vorne an der Tür, meine Kurzsichtigkeit war damals schon gegeben. Ich durfte nicht so weit weg von der Tafel sitzen. Und da machte ich die Klassentür zu, weil alle laut quatschten und wir keinen Ärger bekommen wollten. Damit war es auf dem Flur dunkel, und er rannte gegen die Glastür im Zwischenflur. Er kam rein und brüllte: „Du Schwein mit Ritterkreuz und Schwertern, verprügelt den Hund!" Alles schwieg verlegen. Bei Schulbeginn 1937 hatte ich neben seinem Sohn gesessen. Mit dem habe ich mich nach dem Krieg getroffen, ich arrangierte Schultreffen in Bad Pyrmont. Ich war nicht der erste, der unsere Schultreffen organisierte, es gab seit 1945 zwei Vorgänger. Als die entsprechenden Leute verstarben, blieb die Organisation an mir hängen, und das habe ich ein paar Jahre lang gemacht.

» *Carsten Jäger: Aber der Vorfall war kein Rebellentum, sondern ein Versehen, oder?*

Das war reines Versehen. Rebellentum gegen das Dritte Reich habe ich bei den Flakhelfern erlebt. Da kam der Bannführer, dem der Jungbann Danzig unterstand, und wollte uns neben dem

Militärdienst an Geschützen, militärischen Übungen, Sport und Schule auch noch seinen Hitlerjugend-Dienst aufdrücken. Ich hatte den niedrigsten Rang in der Hitlerjugend. Als Jungschaftsführer trug ich ein rot-weißes Schnürchen an der Brusttasche meiner Uniform. Die anderen in unserer Flakeinheit hatten höhere HJ-Ränge. Sie waren gekennzeichnet mit geflochtenen Schnüren, die reichten von der Brusttasche bis zur Schulterklappe. Wir ließen den hohen Bannführer abblitzen. Er beschwerte sich beim Batteriechef und kam nicht wieder. Der Batteriechef ermahnte uns: „Jungs, macht keinen Ärger!" Ich hatte mich sofort nach meiner Übersiedlung in das Schülerheim in Mohrungen in die Hitlerjugend engagiert und das gern. Anders mein Bruder Hubertus, der lehnte die HJ ab und beteiligte sich an den Diensten nur, weil alle Jugendlichen sich beteiligen mussten. Im Frühjahr 1944 bin ich geschlossen mit unserer HJ-Einheit mit einem feierlichen Akt in die NSDAP eingetreten. Jeden Montagmorgen hatte es in der Herderschule eine Veranstaltung in der Aula gegeben. Meistens hielt ein Lehrer einen Vortrag. In den Vierzigerjahren waren es oft Parteiveranstaltungen mit Fahnen und NS-Liedern.

» *Carsten Jäger: Welche Folgen hatte die Parteimitgliedschaft für Sie kurz- und langfristig?*

Kurzfristig überhaupt keine. Ich habe dem keine besondere Bedeutung beigemessen. Es war eine gemeinschaftliche Aktion. Langfristig auch keine.

» *Carsten Jäger: Sie sind also nicht ohne Wissen Parteimitglied geworden. Mussten Sie den Aufnahmeantrag unterschreiben? Manche aus der sogenannten „Flakhelfer-Generation" sind ja angeblich ohne eigenes Wissen als NSDAP-Mitglieder geführt worden.*

Bei uns haben alle unterschrieben. Auch ich habe unterschrieben – ohne Bedenken. Ich habe das auch nie verheimlicht und auch vor meiner Mandatsannahme als Mitglied der Bremischen Bürgerschaft angegeben. Nach dem Krieg war ich vom zuständigen Senator Lifschütz[18] in Bremen entnazifiziert worden.

» *Carsten Jäger: Können Sie den täglichen Schulbetrieb auf der Herderschule schildern?*

Ich zog mit zehn Jahren in das Schülerheim ein. Wir waren in der Sexta 36 Schüler, etwa ein Drittel davon Mädchen. Ich freundete mich schnell mit drei Stuben- und Klassenkameraden an. Das Schülerheim wurde von einer Frau geleitet, bei Hausaufgaben wurden wir von unserem Zeichenlehrer und von älteren Schülern betreut. Um 6.30 Uhr klingelte es morgens zum Aufstehen. Um 22.00 Uhr mussten die Lichter gelöscht werden. Die älteren Schüler, die Stockwerkältesten, kontrollierten die Bettzeiten. Ich habe es selten vor 7.00 Uhr aus dem Bett geschafft, stürzte schnell eine Tasse Kaffee und ein Marmeladenbrot herunter und trabte ab in Richtung Schule – fast immer als Letzter. Fast immer schaffte ich es aber, die Schule mit dem Klingelzeichen zu betreten. Auf der Haupttreppe stand ein Herr, den wir „Pappkopp" nannten, weil er sich selbst gelegentlich so nannte, wenn er etwas vergaß. Der verlangte sonst, dass man sich beim Klassenlehrer meldete, zum Eintrag der Verspätung ins Klassenbuch. Trotz der Trennung von zu Hause bin ich gern im Schülerheim gewesen.

» *Carsten Jäger: Hatten Sie jüdische Mitschüler?*

Nein.

» Carsten Jäger: Gab es jüdische Nachbarn im Ort?

Es gab drei jüdische Familien. Wir wurden eines Abends im Schülerheim rausgetrommelt von irgendeinem Parteimenschen. Wir müssten sofort durch die Stadt ziehen und rufen: „Heute Abend Versammlung auf dem Marktplatz!" Das war, als man die Juden festnahm.

» Carsten Jäger: Die Pogrome der „Reichskristallnacht"?

Ja. Mit diesem Aufruf sind wir brüllend durch die Stadt gezogen. Natürlich erschienen wir auch abends. Der Versammlung wurden zwei Juden vorgeführt. Männer nur, keine Frauen. Und dann gab es die üblichen Beschimpfungen. Natürlich sangen auch wir diese scheußlichen Gesänge, den Juden an den Mast zu hängen. Ich erinnere den Text nicht mehr. Aber es waren sehr gewalttätige.

» Carsten Jäger: Aus Überzeugung? Hat man einfach mitgemacht oder wurde das auch hinterher infrage gestellt untereinander?

Es wurde nicht infrage gestellt. In unserem Schulkreis wurde darüber auch nicht diskutiert. Auch nicht in unserem Schülerheim. Ich bin am nächsten Tag von der Schule durch die Stadt zum Schülerheim gegangen. Und da warf man einem jüdischen Ölhändler die Scheiben ein, in einer Nebenstraße, durch die ich ging. Und ich habe mit Steine geworfen, als Elfeinhalbjähriger. Man stieg durch die Fenster in das Haus ein. Ich war auch eingestiegen. Als ich im Wohnzimmer die Familienbilder hängen sah, hat es mich sehr betroffen gemacht. Das traf mich wie ein Schlag. Ich stieg schnellstens wieder durch das Fenster hinaus. Das Geschehene fand ich schlimm und bin dann in das Schülerheim gegangen. Ich habe das auch zu Hause erzählt.

» *Carsten Jäger: Was haben Ihre Eltern dazu gesagt?*

Nichts. Sie haben es zur Kenntnis genommen. Ich erinnere mich noch an den Pferdehändler, der zu unserem Gut kam. Er fuhr von Gut zu Gut, kaufte und verkaufte Pferde. Meinem Vater wollte er ein Pferd verkaufen und sagte zu mir: „Mein Junge, ich kenne Deinen Vater noch, wie er so groß war, wie Du jetzt." Das hat mir sehr imponiert (lacht) und gefallen. Später habe ich gefragt, wo denn der alte Herr geblieben sei, weil er im Dritten Reich „verrutschte". Unser Getreidehändler fuhr mit dem ersten großen Lastwagen, den ich in meinem Leben gesehen habe, auf den Hof, um Getreide zu kaufen. Das muss vor 1933 gewesen sein. Ich erinnere mich seiner Antwort, als mein Vater sagte: „Nehmen Sie doch mehr Getreide." Da sagte der jüdische Händler: „Nein. Ich möchte vom Nachbarn auch noch Getreide nehmen, der braucht das Geld auch." Das hat mich beeindruckt, denn bei uns klebten zu der Zeit – oder vorher noch – die Kuckucke auf dem Bücherschrank, auf den Kutschen in der Remise, weil Vatern die Steuern nicht bezahlen konnte. Er wollte keine Schulden machen. Großvater war risikofreudiger und lieh sich schlicht Geld. Mein Vater war auch nach der Flucht in Gelddingen ängstlicher (lacht).

» *Carsten Jäger: Aber nährte sich daraus der Antisemitismus?*

Nein. Nein. Es nährte sich überhaupt keiner. Man war freundlich gegenüber den Juden. „Musste man sie quälen? Musste man sie verhaften? Musste man sie vertreiben aus Deutschland?" Das haben wir uns aber erst später gefragt. Der Mühlenbesitzer, dem Vater sein Getreide verkaufte, war Jude. Der verkaufte seinen ganzen Betrieb dann wohl für wenig Geld an den Nachfolger, Herrn Milinet. Mit Herrn Milinet korrespondierten wir noch nach dem Kriege. Der Jude wanderte nach Amerika aus. Wir wussten, dass er wegging.

Es kam auch ein Mann zu uns, der die Runderneuerung von Reifen anbot, und Öle, die man in der Landwirtschaft brauchte. Er sah etwas müde aus. Und meine Mutter fragte ihn: „Haben Sie nichts zu essen?" „Nein", sagte er. „Nanu?" „Ich bin Jude." Darauf hat Mutter ihm zu essen gegeben, obwohl sie begeisterte NSDAP-Anhängerin war. Auf Fragen von uns Kindern und mir: „Warum bist Du gegen Juden?" erzählte sie, dass die wesentlichen Stellen in Theater und Kultur und in den Zeitungen von Juden besetzt seien.

» *Carsten Jäger: Also Sie haben als Kind Ihre Mutter gefragt, warum sie gegen Juden eingestellt ist?*

Ja, warum sie gegen Juden eingestellt war. „Die haben unsere Kultur beherrscht." Und das war dann erledigt.

» *Carsten Jäger: Wann war der Moment, als Ihnen der verbrecherische Charakter der Nazis deutlich wurde? Sie haben vorhin die Szene während der sogenannten „Reichskristallnacht" in dem Laden geschildert. Gab es einen Moment, in dem es Ihnen wie Schuppen von den Augen fiel?*

Nein, es war rein persönlich. Dieser Einbruch bei dieser Familie. Das erschütterte mich. Das fand ich unmöglich. Aber politisch zog ich keine Konsequenzen daraus.

» *Carsten Jäger: Haben Sie etwas geahnt oder gewusst von der Vernichtung der Juden?*

Ja, von den KZs. Irgendwo war das Gerücht, es gebe KZs und die SS bewachte die. Einer unserer Mitarbeiter aus dem Dorf war in den Krieg gezogen und hatte sich zur SS gemeldet. Ihn fragte ich: „Erich, bewachst Du auch KZs?" Und er sagte: „Um Gottes Willen. Nur nicht dahin!" Das wäre fürchterlich. Der wollte also keine KZs bewachen. Das hatte mich schon etwas nachdenklich gemacht.

» *Carsten Jäger: Wie alt waren Sie da?*

Es war ja im Kriege. Der war SS-Soldat, also etwa 1942. Da war ich 15 Jahre alt.

» *Carsten Jäger: Und da konnten Sie sich denken, dass in den Konzentrationslagern schlimme Sachen passierten?*

Ja, schlimme Sachen. Mein Vater berichtete ebenfalls von seinem Freund Valentini[19], einem Gutsbesitzer aus Nordostpreußen. Herr Valentini galt als sogenannter „Halbjude", der konnte seinen Mund nicht halten, sondern hatte kritische Bemerkungen gemacht über das Dritte Reich. Er war ins KZ gekommen und wurde dann entlassen, weil er ein großes Mustergut hatte. Dieses musste ordentlich geführt werden, weil man im Krieg dringend Verpflegung und Futtermittel brauchte. Er hatte auch die Betreuung von Nachbargütern übernommen, was sehr wichtig war. Herr Valentini wurde entlassen unter dem Versprechen, nichts zu sagen, was im KZ passiert war. Er hatte Vater aber gesagt, er sei gequält worden. Das hat mein Vater uns damals unter dem Siegel der Verschwiegenheit weitererzählt.

» *Carsten Jäger: Wann haben Sie den Namen Auschwitz das erste Mal gehört?*

Nach dem Krieg.

» *Carsten Jäger: Gab es zivile Zwangsarbeiter oder Kriegsgefangene auf dem Gut?*

1939 zur Kartoffel- und Rübenernte waren polnische Zivilisten bei uns. Ich erinnere mich, weil ich einen fragte, woher sie kamen und was sie vorher gemacht hatten. Da war ein Lehrer, die waren in zivil, die waren wohl gar nicht erst eingezogen worden. Die verschwanden aber zum Jahresende wieder und wurden ersetzt durch französische Kriegsgefangene.

» *Carsten Jäger: Wo waren die auf dem Gut untergebracht?*

Im Spritzenhaus. Die Feuerspritze war entfernt worden. Da wurden Betten aufgestellt. Wir hatten bis zu zehn Gefangene.

» *Carsten Jäger: Waren die in die Arbeitsabläufe und das Geschehen auf dem Gut integriert?*

Die waren voll integriert, weil ja viele der Mitarbeiter zum Militär eingezogen waren.

» *Carsten Jäger: Wie war das bei den Mahlzeiten? Wurden die gesondert eingenommen von den Gefangenen?*

Die wurden gesondert bekocht und nahmen die Mahlzeiten auf dem Platz vor dem Spritzenhaus ein.

» *Carsten Jäger: Gab es Kontakte zu den Gefangenen?*

Ja, gelegentlich sprach man und fragte die Leute. Die Franzosen kriegten sogar von zuhause Schokolade geschickt. Da kriegte ich mal ein Stück ab, weil ich zuguckte, was sie machten. Sie gruben einmal die Kanalisation in unserem Park auf, weil etwas verstopft war. Das Küchenabwasser floss dann in den Teich. Für anderes gab es keine Kanalisation.

» *Carsten Jäger: Blieben die Gefangenen bis Kriegsende auf dem Gut?*

Die Gruppe der Franzosen war noch am Kriegsende da und führte die Fahrzeuge. Das war nicht einfach. Kastenwagen mit vier Pferden davor gespannt. Die lenkten die Franzosen.

» *Carsten Jäger: Wissen Sie noch, wie die auf das Gut kamen? Wurden die zugewiesen oder hat sich Ihr Vater um Zuteilung beworben?*

Ich bin mir nicht sicher. Ich meine, die wurden automatisch zugewiesen.

» *Carsten Jäger: Ihr Vater ist ja im und nach dem Ersten Weltkrieg selbst Kriegsgefangener gewesen. Hat er mal infrage gestellt oder sich kritisch geäußert, dass Kriegsgefangene eingesetzt wurden?*

Nein. Die wurden bei uns anständig behandelt, ob Russen oder Polen oder Franzosen. Die bekamen unser normales Essen, das in der Gutsküche gekocht wurde. Einer von ihnen erschien dann in der Küche und hatte die Möglichkeit, aus dem Zugeteilten zu kochen. Es war ja alles rationiert. Für Fleisch gab es eine Abholstelle. Wir nahmen für uns Fleisch zweiter Klasse, weil es dann größere Portionen gab. Meistens brachte der Milchwagen auf dem Rückweg von der Molkerei aus der Stadt das Fleisch mit. In den letzten Kriegsjahren wurde die Milch von einem LKW bei uns abgeholt. Da schickte mein Vater dann ein Fuhrwerk los, um das Fleisch aus der Stadt zu holen. Der kochende Kriegsgefangene buk auch das Brot für uns alle, zweimal die Woche im großen Backofen im Keller. Den Sauerteig hatte unsere Köchin vorbereitet.

» *Carsten Jäger: Gab es unter den Kriegsgefangenen und mit den anderen Gutsarbeitern Konflikte oder Spannungen?*

Da gab es keine Schwierigkeiten. Jeder tat seine Arbeit.

» *Carsten Jäger: Haben Sie Hitler mal gesehen oder ihn live gehört?*

Gehört, ja, im Radio (lacht). Nicht gesehen. Wir Hitlerjungen haben oft am Straßenrand Spalier gestanden, weil er durchfahren sollte. Gesehen habe ich ihn nie.

» *Carsten Jäger: Vorm Radio saß dann die Familie und hörte die Reden?*

Nein, nein. Meine Eltern saßen nicht vor dem Radio. Wir Jungs haben das gemacht und gehört, z.B. die Goebbels-Rede „Wollt ihr den totalen Krieg?"[20] – hat mich schwer beeindruckt.

» *Carsten Jäger: Die Sportpalast-Rede haben Sie gehört?*

Ja.

» *Carsten Jäger: Wann sind Sie Soldat geworden? Und wie kam es dazu?*

Im März 1944 wurde ich eingezogen und kam als Flakhelfer auf den Zigankenberg bei Danzig. Nach einer militärischen Grundausbildung, auch wieder mit viel Sport, wurden wir etwa nach vier Wochen entlassen. Dann gingen wir wieder für zwei Wochen in die Schule in Mohrungen. Es kam wieder eine Einberufung als Flakhelfer. Wir mussten über die Westerplatte zu unserer Großkampfbatterie Weichselmünde[21], die am Strand an der Danziger Bucht lag. Dort war ich von April bis etwa September 1944.

» *Carsten Jäger: Mit Einsätzen?*

Ja, es wurde gelegentlich auf Beobachtungsflugzeuge geschossen. Es gab keinen Bombenangriff auf Danzig zu meiner Zeit. Sondern die Lightnings, doppelrumpfige Beobachtungsflugzeuge, flogen in etwa 12.000 Meter Höhe.[22] Das war eine Höhe, die unsere Geschütze 8,8[23] gerade noch erreichen konnten. Ich war einer der Bediener am Funkmessgerät. Dieses war ein Zielgerät, das Höhe und Geschwindigkeit von Flugzeugen mittels Funkstrahlen maß. Die Aufklärungsflugzeuge warfen Stanniolstreifen ab, um eine genaue Messung zu verhindern. Zu meiner Zeit blieb es nur bei wenigen Aufklärungsflugzeugen.

» *Carsten Jäger: Hatten Sie damals „Feindkontakt"?*

Das war hinterher beim Militär. Vom März bis August 1944 war ich Flakhelfer. Von September bis Mitte Dezember wurde ich zum Arbeitsdienst eingezogen – nach Rypin in Westpreußen. Während des Arbeitsdienstes wurden wir militärisch ausgebildet – nicht mit Gewehren, sondern mit blank geputzten Spaten. Nur wir früheren Flakhelfer bekamen für den Wachdienst Gewehre. Ab Januar 1945 war ich Soldat in Brandenburg. Mein Marschbefehl ging nach Potsdam. Das Erstaunliche war: Ich bin nachts durch Berlin gefahren. Es funktionierte alles noch. Alles klappte.

» *Carsten Jäger: Im Januar 1945?*

Im Januar 1945! Anfang Januar, genau am Anfang.

» *Carsten Jäger: Also, Sie waren Flakhelfer, dann haben Sie Arbeitsdienst geleistet und erst dann wurden Sie regulär eingezogen als Soldat?*

Ja.

» *Carsten Jäger: In welcher Einheit?*

Bei den Füsilieren[24] in Brandenburg als Offiziersbewerber. Erst zum Schluss wurden wir hin und her geschoben. Da wusste ich die Einheit: Division Scharnhorst, Armee Wenck.[25] Für Brandenburg hatte ich von meinem Onkel, General v. Niebelschütz[26], den freundlichen Hinweis bekommen: „Und wenn Euch der Oberst von Sowieso inspiziert, dann grüß´ ihn mal von mir." Dann stand ich da als Soldat in Reih und Glied in der Kolonne, die der Oberst kontrollierte. Es war ein Offiziersbewerberlehrgang. „Darf ich den Herrn Oberst ansprechen und ihm einen Gruß von meinem Onkel General v. Niebelschütz ausrichten." Er guckte mich nur verblüfft an und ging weiter (lacht).

» *Carsten Jäger: Ohne Dank?*

Ja. Wie ich das sagte und ihn ansprach, aus der Reihe, das war ganz unmilitärisch. Richtig peinlich. Mir auch. Aber ich wollte nun nicht nach Hause kommen, ohne den Gruß ausgerichtet zu haben.

> *Claus Jäger: Georg, wie hast Du den 20. Juli 1944 erlebt? Wo warst Du da, und wie hast Du den aufgenommen?*

Als Flakhelfer auf der Westerplatte, auf verstärkter Wache mit geladenem Karabiner wegen des Anschlags auf Hitler.

> *Claus Jäger: Da warst Du bei der Flak?*

Ja. Und wir haben diskutiert: „Was machen wir nun, wenn die Aufständischen gegen Hitler zu uns kommen?" Ich war noch auf der Wache und habe mitdiskutiert. Wir hätten auf die Widerständler geschossen, wir Buben.

> *Carsten Jäger: Also, man hat mittags von dem Attentat gehört und dann gab es für ein paar Stunden Unsicherheit, was passiert ist. Und in dieser Zeit wurde darüber diskutiert „Wie reagieren wir?"*[27]

Ja.

> *Carsten Jäger: War das einhellige Meinung, auf Widerständler zu schießen?*

Nein, in so großer Gruppe haben wir nicht diskutiert. Aber auf dieser Wache, genau zu der Zeit, blickten wir herunter auf eine Gruppe in gestreiften Klamotten, die Stacheldraht entlud aus einem schwedischen Schiff. Mir fiel auf, das durften wohl KZler sein, denn beim Essenempfang schlug der SS-Mann, der Bewacher, dem Letzten seinen Napf aus der Hand: „Jetzt wird jearbeit!"

Der war nun als Letzter dran gekommen, da war die Pause abgelaufen, und dann hat er ihm das Essen weggeschlagen. Das fanden wir nicht gut. Die kamen wohl aus dem KZ Stutthof bei Danzig.[28] Das war ein weiteres Erleben mit KZ-Leuten.

» *Carsten Jäger: Und als dann die Nachricht kam, dass der 20. Juli gescheitert war?*

Ja, da fanden wir: „Na ja, dann ist unser Führer gerettet".

» *Carsten Jäger: Sie nahmen die Nachricht positiv auf?*

Alle.

» *Claus Jäger: Aber Ihr wusstet doch zu dem Zeitpunkt schon, dass die Rote Armee nicht mehr ganz weit weg war von Ostpreußen.*

Nein, als Flakhelfer noch nicht. Später im April 1945 hat unsere Flakbatterie auf anrückende russische Panzer geschossen. Idiotisch! Dreh´ mal das Geschütz der 8,8 runter. Die Russen brauchen nur ein Schrapnell abzuschießen, dann sind alle Leute, die am Geschütz rumfummeln, hin. Das haben die Russen auch irgendwie getan. Aber das habe ich erst gehört nach dem Kriege, von Leuten, die in Danzig dabei waren.

» *Claus Jäger: War Euch zu dem Zeitpunkt klar, dass der Krieg verloren ist?*

Nein, das war nicht klar. Meine Familie hatte militärische Freunde, Offiziere, die bei uns in Karolinenhof zu Gast waren, schon vor dem Kriege und zu Beginn des Krieges. Dazu gehörten drei spätere Generäle aus unterschiedlichen Ecken. Und einer, der am meisten zu uns hielt, hat Anfang 1945 meine Mutter angerufen und gesagt: „Sie müssen weg! Die Front ist ..." Abgebrochen, aufgelegt. Das habe ich aber erst hinterher erfahren. Vorher gab es erste Zweifel, dass der Krieg noch zu gewinnen sei.

» *Carsten Jäger: Also erst nach der vernichtenden Niederlage in Stalingrad im Winter 1942/43?*

Nach Stalingrad! Mein Vetter[29] hatte mit seiner Ju 52 Verwundete aus Stalingrad ausgeflogen. Er erzählte, dass er zu denen gehörte, die so dicht über den Boden starten mussten, weil sich unten am Fahrgestell Menschen anhingen, die raus wollten. Um die abzustreifen. Er hatte Angst, dass er da sonst nicht wegkommt.

» *Carsten Jäger: Aber in Ostpreußen waren doch einige Familien in den 20. Juli einbezogen. Möglicherweise gab es da ja auch Kontakte.*

Null. Es gab ein Gespräch, bei dem ich dabei war, zwischen einem Bekannten, Fritz Hoefer[30], Sohn von alten Osteroder Freunden, der zu der Zeit wohl Hauptmann war, und meinem Onkel General v. Niebelschütz, den er in Schildeck[31] besuchte auf dem Gut meiner Urgroßeltern. Der Onkel, der General Niebelschütz, hatte die jüngste Tochter meiner Urgroßeltern geheiratet. Also die jüngste Schwester meiner damals schon verstorbenen Großmutter. Wir gingen im Park spazieren. Und Fritz Hoefer fragte meinen Onkel: „Hattest Du gar keinen Kontakt zu den Leuten des 20. Juli?" Und da sagte der alte Onkel: „Nein, die Leitung hatte der General Oster[32], ein Kollege, dem alles misslungen ist, was ich beurteilen kann. Mit dem konnte ich nicht zusammenarbeiten." Den kannte er schon vorher als Offizier. Das war seine Begründung. Mein Onkel war als Chef des Heeresoffiziersnachwuchses von Hitler entlassen worden, weil er in jenen Dreißigerjahren die alten Kadettenanstalten wiedereinführen wollte, die er einst besucht hatte. Kurz im Polenfeldzug wiedereingestellt, wurde er wieder entlassen, weil er als Bezirkskommandant seine Feldpolizei anwies, die SS daran zu hindern, mit dem Davidstern gezeichnete Juden vom Bürgersteig zu verweisen.

» *Carsten Jäger: Der Onkel Niebelschütz?*

Der Onkel Niebelschütz kam eigentlich aus Schlesien, aus einer verhältnismäßig armen Adelsfamilie. Und da war natürlich die Kadettenanstalt ein ganz wichtiger Ausbildungsort. Mein Großvater hat diese Kadettenanstalt gehasst. Er war nicht Kadett, obwohl er Offizier wurde, der Großvater Groeling. Also mit diesem alten Onkel gingen wir durch den Park. Seitdem wusste ich, dass man den Aufstand mit Vorsicht...

» *Carsten Jäger: Aber dahinter steckte dann ja nicht politische Abneigung, sondern er hat es ihnen nicht zugetraut, dass sie es hinbekommen.*

Es hatte persönliche Gründe. Er mochte Hitler nicht. Er wurde ja auf Hitlers Befehl entlassen als Chef des Offiziersnachwuchses des Heeres. Dass er Hitler nun besonders „liebte", das war klar.

» *Carsten Jäger: Aber man kann ja vermuten, dass er von Oster angesprochen wurde.*

Er ist angesprochen worden. Von wem, habe ich nicht mehr in Erinnerung. Das war ein längeres Gespräch. Mir ist nur dieser Ausspruch in Erinnerung geblieben: „Dem Oster jelingt nüscht!"

» *Carsten Jäger: Sie haben das mitbekommen, aber dann weiter...*

Ich habe das mitbekommen, aber die Sache war vorbei. Der Aufstand war niedergeschlagen.

» *Carsten Jäger: Nochmal zum Januar 1945: Da kamen Sie nach Brandenburg. In die Stadt Brandenburg?*

In die Stadt, in die riesengroße Füsilierkaserne. Diese Kaserne war 250 Meter lang. Das imponierte mir. Ich hatte mein Zimmer in der Mitte und die Toilette war am Ende (lacht). Also jeden Abend, wenn man den Ort aufsuchen musste, hatte man einen längeren Dauerlauf vor sich.

» *Carsten Jäger: Und da wurden Sie vorbereitet auf Kampfeinsätze?*

Auf Einsätze, eigentlich noch geschult als Offiziersnachwuchs. Es war eine Freiwilligen-Einheit. Alle wollten Offiziere werden in dieser Gruppe – Ostpreußen und Berliner. Und in der Gruppe haben wir auch diskutiert, mit einem Schulkollegen von mir, der auch im Internat war, einem Lehrersohn. Wir diskutierten abends: „Was machen wir eigentlich, wenn der Krieg gewonnen ist? Dann räumen wir erst einmal diese Parteibonzen weg. Die Soldaten müssen endlich mal aufräumen mit diesen Bonzen!" Das war einhellige Meinung in unserem Zimmer. Von zwölf Soldaten hat nur unser Stubenkollegen Schiburr die Partei verteidigt. Der fand alles richtig und gut. Und sein Vater war als Lehrer auch stark engagiert im Dritten Reich. Dieses „Anti" fing ja an, als wir den Bannführer auf der Westerplatte verjagten. Und unser Batteriechef kam zu uns: „Jungs, seid Ihr verrückt geworden? Wollt Ihr uns in Teufels Küche bringen? Dass Ihr diese Parteibonzen wegjagt." Der hatte ja auch gefragt „Sind hier Hitlerjugendführer?" Alle waren es in der Gruppe. Die Landjungs waren ja alle Führer in ihren kleinen Orten gewesen. Also der Batteriechef begeuschte uns. Der Bannführer ist nie wieder erschienen. Den Nächsten, den wir angingen als Flakhelfer, war ein Major, der hielt uns einen Durchhalte- und NS-Vortrag. Und in der Diskussion fragte der Erste – ich nicht, ich war nicht so mutig – „Sie sind doch gar kein echter Major, Sie sind doch ein Parteimitglied in Majorsuniform." Und da schoss unser Batteriechef wieder hoch: „Ruhe!" und unterbrach die Diskussion. Und der andere fand keine rechte Antwort darauf. Auch da kriegten wir wieder die Mahnung „Jungs, macht keinen Mist! Ihr bringt Euch und mich in Schwierigkeiten. Und wir wollen in Ruhe durchkommen." Der Batteriechef war ein Kunstliebhaber. Ich bin mit ihm in Danzig in mehrere Konzerte gegangen. Er bat: „Wer will mitkommen ins Konzert? Morgen ist ein kammerphilharmonisches Konzert." Da bin ich mitgewesen. Mehrmals. Wir waren drei oder vier, die mitgingen, vom ganzen Haufen von 80 Leuten, die anderen waren nicht so interessiert.

» *Carsten Jäger: Und der Widerspruch zwischen Kunstsinnigkeit und Brutalität des Krieges und der heranrückenden Front fiel einem nicht auf?*

Nein, das fiel einem überhaupt nicht auf.

» *Claus Jäger: In Brandenburg in der Füsilier-Kaserne wart Ihr doch eigentlich vorgesehen für den Kampf um Berlin, oder?*

Nein, noch nicht. Noch ging es darum überhaupt nicht. Noch ging es darum, dass wir ausgebildet werden sollten zu Offizieren. Spruch: „Wer Gefreiter wird, ist abserviert, der geht zur Front."

Wir sollten noch eine echte Ausbildung erhalten. Wir haben dann um Brandenburg aber schon Panzer-Gräben ausgehoben. Das ist mir deutlich in Erinnerung. Ich vertrug Sonne nicht besonders gut. Da bekam ich Schwierigkeiten. Dann wurden wir aber versetzt. Ich könnte noch erzählen: In der Kaserne in Brandenburg gab es Luftalarm. Wir saßen im Keller. Ich saß auf meinem Gasmaskenbehälter. Sitzplätze waren knapp. Ich hatte den Gasmaskenbehälter unter den Hintern geklemmt und schaukelte so leise, müde vor mich hin, fasste nach vorne und fasste braunes Tuch. Russen? Ich gucke hoch, da steht mein Schülerheimkollege Egon in Arbeitsdienstuniform vor mir. Er erzählte, wie er zum Arbeitsdienst eingezogen wurde, und wie er von Ostpreußen über das zugefrorene Frische Haff von Danzig per Schiff bis Stettin nach Brandenburg gefahren ist – ich habe ihn nie wieder gesehen. Er ist später gefallen, bei irgendwelchen Kämpfen um Berlin.

Ein zweiter Punkt, den ich erzählen möchte, wo wir ganz krass KZ-Häftlingen begegnet sind: Wir zogen durch Brandenburg. Wir hatten einen Einheitschef – es war keine Kompanie, es war eigentlich ein Zug dieser Offiziersanwärter. Und bei unseren Übungen mit Gewehren in der Stadt Brandenburg ging es zum Teil durch Ruinen. Anstatt eines Marschliedes sangen wir: „In der Nacht ist der Mensch nicht gern alleine…"[33] Damit marschierten wir durch die Stadt. Und bei den Übungseinsätzen stießen wir in einer Fabrikruine auf Leute mit gestreiften Kleidern, die an Maschinen arbeiteten. „Nanu, was macht Ihr denn hier?" „Nicht reden!", brüllte das Bewachungspersonal. Schwupp, hatten wir unsere Gewehre runter. „Was sagtest Du?" Und dann konnten wir die Häftlinge befragen. Sie sagten uns, sie hätten ausländischen Rundfunk gehört und seien deshalb eingesperrt worden im KZ und arbeiteten jetzt hier in der KZ-Kleidung. Das war nach Danzig die zweite unmissverständliche Begegnung mit KZ-Häftlingen für mich. Von

Brandenburg aus wurden wir nach Lübeck in die Cambrai-Kaserne[34] verlegt. Dort war ein Ausbildungsbataillon für Offiziersbewerber stationiert. Ganz strenge Regeln. Jeden Morgen antreten zum Vorlesen aus „Mein Kampf". Wir sind nie dabei gewesen, bei dieser Vorlesung, unsere Brandenburger Gruppe. Wir machten immer Nachtübungen. Unser Gruppenleiter, ein Oberleutnant, war als Berliner Lehrer eingezogen worden und hatte das Goldene Parteiabzeichen.[35] Das trug er auch. Als es einmal hieß „alles raustreten!" zur Lesung aus „Mein Kampf" sagte er: „An die Fenster! Rausgucken! Das machen wir nicht!" Der Einheitskommandeur hat wohl geschäumt. Aber dem Mann mit dem Goldenen Parteiabzeichen wagte er nicht zu widersprechen. Dann haben wir weiter gepennt, wie vorgesehen nach der Nachtübung. Nach wenigen Wochen wurden wir verlegt. Am 25. März 1945 wurden wir in Lübeck eingeladen in Eisenbahnwaggons und fuhren bis Ottersberg.

» *Carsten Jäger: Hier bei Bremen?*

Ja, da wurden wir ausgeladen. Ziel: Bekämpfen der englischen Luftlandetruppen in Holland. Wir sind von Ottersberg aus marschiert durch die Dörfer Lilienthal, Ritterhude bis Vegesack zur Fähre. Ich habe hier als Ostpreuße – nie wissend, dass ich im Leben mal hier lande – vor der Segelmacherei Meyerdierks[36] auf der Straße gelegen und geschlafen. Auf der Straße, damit die Fahrzeuge uns wecken müssen, wenn wir dran sind. Wir haben gepennt, bis wir an der Fähre dran waren. Meine spätere Schul- und Studienkollegin Rhea Seggermann[37] hat mir später gesagt: „Warum hast Du bei uns nicht geklingelt? Wir hätten Dich auf dem Segelboden untergebracht. Kein Mensch hätte Dich gefunden." Ja, wissen (lacht)! Da wollte ich auch immer noch den Krieg gewinnen, keine Angst. Da sind wir übergesetzt, nachts.

» *Claus Jäger: Nach Lemwerder.*

Nach Lemwerder. Sind dann bis Berne marschiert. Hinter Berne wurde es Tag. Da wurden wir einquartiert, erst bei einem Großbauern, anschließend wechselten wir zu einem Kleinbauern. Ein Siedler. Ich habe die Häuser noch lange stehen sehen, inzwischen sind sie abgerissen und neu gebaut worden. Und da habe ich den Angriff auf den U-Boot-Bunker in Farge erlebt. Ich habe draußen gestanden, da warfen Flugzeuge Flugblätter ab. Diese rieselten bei uns runter. Müssen wir die nun abgeben? Da stand ein Text drauf: „Verlasst die Baustelle! Es gibt Bombenabwürfe."

» *Carsten Jäger: In Deutsch?*

In Deutsch. Anderes erinnere ich nicht. Und dann kam die Bomberstaffel. Wir sahen die Bomben herunterfallen, und es passierte nichts. Komisch. Nach einer halben Stunde – wir waren beim Waschen morgens und hatten kaum Klamotten an und kriegten gerade von der Siedlersfrau einen Topf mit Erbsensuppe gekocht – da fing es an zu krachen, zu detonieren. Komisch, haben wir damals gefunden. Nach dem Krieg wussten wir, was passiert war. Aber damals noch nicht.[38]

» *Carsten Jäger: Das waren Zeitzünder?*

Das waren Bomben mit Zeitzündern, die abgeworfen wurden. So, dass alle Leute die Baustelle räumen konnten. Der Bunkerbau war dann zu Ende. Denn damit war ein Teil der Maschinen zerstört, die Röhren kaputt. Der Beton in den Maschinen und in den Schubröhren wurde fest. Das war das Ende des Baus vom U-Boot-Bunker. Nach dem Angriff wurde nicht mehr voll aufgeräumt. Das hat unsere Arbeitsgruppe, angestellt bei der englischen Armee, dann im Jahr nach 1945 gemacht. Da bin ich wieder auf den U-Boot-Bunker Valentin getroffen. Die Gruppe englischer Militärwissenschaftler untersuchte die Durchschlagswirkung verschiedener Bomben auf die Bunkerdecke. Unsere Arbeitergruppe baute einen Zugang zum Bunkerdeck, um die wissenschaftlichen Messgeräte zu installieren.

» *Carsten Jäger: Wie ging es nun weiter?*

Von Berne aus sind wir in Richtung Oldenburg marschiert. Es war ganz schön mühsam, Gepäck auf dem Rücken und das Gewehr auch noch. Und dann marschiert man da. Wenig Essen. Es gab Brot, ja. Aber ich litt unter Magensäure, erheblich. Gegen diese Empfindlichkeit hatte ich mir schon von zu Hause Tabletten mitgenommen. Ich erinnere mich, dass wir die Straße entlang marschierten. „Da muss doch an der Leitung etwas nicht in Ordnung sein"[39], sangen wir. Und dann kam der Chef der Einheit, zu Pferde. Das hörten wir von weitem schon. Wir ließen dann alle die Köpfe hängen und marschierten müde weiter. Kaum war der weg, sagte unser Oberleutnant „Jetzt" und dann ging wieder der Spruch los (lacht), weil wir nirgendwo anhielten und wir nicht wussten, wo wir waren und wohin es ging.

» *Carsten Jäger: Wo endete der Marsch?*

Der endete hinter Oldenburg. Durch Oldenburg sind wir auch noch so gezogen, mit dem gelegentlichen Gesang.

» *Carsten Jäger: Also in zwei Tagen zu Fuß von Ottersberg?*

Das weiß ich nicht, wie lange. Wir sind zwischendurch auch noch irgendwo hängen geblieben. Wir hatten erfahren, dass es sich vor allem lohnt, bei kleinen Bauern um Essen zu fragen. Ich erinnere mich, dass ich Eier mitbekam, dass ich Bratkartoffeln bekam bei dem einen Bauern. Und dann sind wir bis Edewecht gekommen. In Edewecht hieß es plötzlich „Schluss!" Ich weiß nicht, wie lange wir da gelagert haben, immer privat bei irgendwelchen Leuten. Die Einheit verteilte sich. Und dann wurden wir in Waggons verladen. Und dieses Mal kamen wir ohne Schwierigkeiten bis Dessau-Roßlau. Dort begann die Zusammenstellung der Armee Wenck, die Berlin entsetzen sollte.

» *Carsten Jäger: „Wo bleibt Wenck?" Der Spruch wird doch Hitler im Bunker zugeschrieben.*

Ja. Wir waren nicht besonders gut bewaffnet.

» *Carsten Jäger: War Genscher nicht auch Mitglied der Armee Wenck?*[40]

Ja, das steht in seiner Biographie.[41] Ich meldete mich freiwillig als Melder und kam zu irgendeinem Stab. Witzig war es allerdings vorher, als wir in Dessau-Roßlau ankamen. Da trat das ganze Bataillon in Dreier-Reihen an, wie üblich. Und der Kommandeur sagte: „Die erste Reihe links um, im Gleichschritt Marsch! Die zweite Reihe rechts um, im Gleichschritt Marsch! Und die dritte Reihe bleibt stehen!" Ich war in der dritten Reihe. Und da sah ich meinen guten Kumpel Gilbert Graser[42] nach rechts marschieren. Da habe ich mich geduckt und bin hintenherum zu ihm in die Reihe geschlüpft.

» *Carsten Jäger: Warum?*

Gilbert Graser und ich hatten uns seit Brandenburg gut verstanden. Wir waren also von Edewecht aus in Dessau-Roßlau gelandet. Und von dort aus sind wir dann nach Zerbst verlegt worden. Dann wurden wir wieder nach Dessau-Roßlau zurückverlegt aus irgendeinem Grunde. Und dann wieder nach Zerbst zurück. Bei der Einfahrt auf offenen LKW in die brennende Stadt Zerbst setzten wir schleunigst unsere Stahlhelme auf, es flogen Holzteile durch die Luft. Wir sind zur Kaserne gefahren. Auf dem alten Kasernengelände am Rande der Stadt wurden wir ausgeladen. Die ganze Kaserne war leer, und wir wurden in das Kellergeschoss gelegt. Zerbst wurde am Tage von Flugzeugen angegriffen. Auf der Straße drängten sich Militärkolonnen und Flüchtlingszüge, beide wurden von den Flugzeugen beschossen. Und wir saßen im Keller und hatten nichts zu tun. Wir warteten auf den Einsatzbefehl. Da sind wir in die oberen Stockwerke gegangen, haben in die leeren Räume geschaut. Das kam einem schon komisch an, aber noch nicht komisch genug. Dann guckten wir aus dem Korridorfenster und beobachteten, wie die Flugzeuge die Flüchtlings- und Militärkolonnen auf der Straße angriffen. Da drehte eine der Maschinen auf unser Fenster zu. Ich riss meinen Kumpel nur noch zu Boden, da fegten über uns die Maschinengewehrsalven vom Jagdflugzeug den Korridor entlang. Seitdem weiß ich, wie genau man aus einem Flugzeug sehen kann (lacht).

» *Carsten Jäger: Tiefflieger?*

Tiefflieger, ja.

» *Claus Jäger: Wann war das?*

Wann das war? Anfang April 1945 eventuell schon. Oder in den letzten Märztagen. Also wirklich zuletzt. Und es war für uns der Krieg immer noch nicht zu Ende. Wir wollten immer noch siegen.

» *Carsten Jäger: Immer noch?*

Ja, weißt Du. Dann kamen die Gerüchte auf: „Die Engländer und die Amerikaner, die machen nun Front gegen den Russen, und da machen wir mit! Das muss jeden Tag passieren!" Ihr könnt Euch nicht vorstellen, welche Hoffnung man da hineinsetzte, um doch noch über die Runden zu kommen, gegen Russland, „endlich gegen die Kommunisten!"

» *Carsten Jäger: An welchem Tag war denn der Krieg für Sie zu Ende, wann gerieten Sie in Gefangenschaft?*

Der Krieg zu Ende war, als ich bei Zerbst im Lazarett war. Ich wurde ja bei dem Versuch, Berlin zu entsetzen mit der Armee Wenck, verwundet.

» *Carsten Jäger: Sie kamen doch noch nach Berlin?*

Nein, in Richtung Berlin. Nach zwei Tagen – ich kann nicht mehr sagen, bei welchem Ort – stießen wir auf die Russen, die Berlin umzingelt hatten. Und dabei bin ich verwundet worden. Ich versuchte, einen Panzer dazu zu bringen, auf die Russen, die uns beschossen, zu zielen. Der Panzer stand oben auf einer Böschung und machte wenig. Ich bin also hoch und klopfte mit meinem Stahlhelm auf die Luke. Der Fahrer machte vorsichtig auf, und ich sagte: „Dorthin müsst Ihr zielen." Drehte um und ging die Böschung hinunter. Der Granatwerfer der Russen hatte uns oben auf der Böschung gesehen. Damit leitete ich unglücklicherweise den

Granatwerfer auf mich und damit auch auf die anderen Soldaten auf der Straßenrandböschung vor mir.

>> *Carsten Jäger: Sie haben die erst aufmerksam gemacht?*

Ja, das glaube ich, das ist mein Syndrom. Wir waren an der Böschung entlanggegangen, um uns vor Gewehrfeuer zu schützen. Eine Granate schlug auf der Böschung zwischen unserer Gruppe ein und traf auch mich.

>> *Carsten Jäger: Und auch den Panzer?*

Nein, den störte der Granatwerfer überhaupt nicht. Der Panzer stand ruhig oben. Was der dann machte, ist mir entgangen, denn ich wurde durch die Explosion zu Boden geworfen.

>> *Carsten Jäger: Aber aus Ihrer Reihe gab es dann auch Todesopfer?*

Das konnte ich nicht feststellen. Es gab aber auch eine Reihe Schwerverwundeter, und ich rief die Sanitäter, fühlte mich in der Lage, das zu tun. Wahrscheinlich war das wieder ein Glücksfall. Diese Anstrengung des Rufens verhinderte, dass aus meiner verletzten Halsschlagader viel Blut spritzte. Es bildete sich eine Verbindung zwischen Schlagader und Vene. Hinterher im Lazarett wurde mir das erklärt: Der Granatsplitter war durch die Schlagader und Vene gegangen. Das sah auch der Sanitäter auf dem Verbandsplatz in einer alten Schule und sagte: „Der kommt sowieso nicht durch!" Er legte mir einen Leimverband um den Hals. Einer der anderen Helfer durchsuchte mich und stellte fest: „Was hast Du denn da in Deiner Tasche? Einen Füllfederhalter hast Du!" Er sah sich ihn an und steckte ihn nicht wieder in meine

Rocktasche zurück. Mir ist dann aufgefallen, wie „toll" sich Betreuer verhalten.

» *Carsten Jäger: Er dachte, er beklaut jetzt einen Sterbenden?*

Nicht der, der mich verband, sondern einer der anderen Sanitäter.

» *Carsten Jäger: Aber Sie haben sich wieder berappelt!*

Ja. Und dann wurden wir von dort aus zum Hilfslazarett auf den Flugplatz Zerbst transportiert. Dort waren viele Verwundete untergebracht. Dann hieß es: „Der Russe kommt". Der Krieg war zu Ende. Auf dem Flugplatz tauchten amerikanische Soldaten auf. Sie schauten kurz in die Krankenzimmer. Leider übergaben die Amerikaner, die vorher Zerbst und den Flugplatz besetzt hatten, das Gebiet den Russen.[43] Das Personal des Lazaretts und die Verwundeten, die laufen konnten, sind mit den Amerikanern gen Westen gezogen. Die Amis waren also hilfsbereit.

» *Carsten Jäger: Also sind Sie zunächst in amerikanische Gefangenschaft gekommen?*

In amerikanische Gefangenschaft. Dann zogen die Amerikaner ab mit der Anordnung, es müssen im Lazarett eine Krankenschwester und zumindest ein Arzt verfügbar sein. Der Arzt verschwand aber sehr schnell mit den Amerikanern. Es heißt, dass der Arzt hinterher erkannt und aufgehängt wurde. Was ich nicht beweisen kann. Weil er ebenfalls geflüchtet war und die Verwundeten im Stich gelassen hatte, wurde er wohl hart bestraft. Wir, die nicht transportfähigen Verwundeten, blieben also einige Tage allein zurück. Und da habe ich begonnen, meine Notizen weiter zu schreiben. Jetzt, nach über siebzig Jahren stelle ich fest, dass ich einen Teil meiner Notizen mit dem Füller geschrieben habe – also vor meiner Verwundung, danach mit dem Bleistift. Damals 1945.

» *Claus Jäger: Und zu dem Zeitpunkt am 25. März warst Du schon verletzt?*

Nein, die Verletzung geschah am 8. April, das weiß ich genau. Mir ist in deutlicher Erinnerung, dass wir vor dem Flugplatz verladen wurden auf einen Bierwagen, mit Stroh gepolstert. Es tauchte dann eine Krankenschwester auf. Es gab einen Schwerverwundeten, der durch den Korridor irrte. Und ich lag zusammen mit einem Sechzehnjährigen, der auch noch zur Wehrmacht eingezogen und verwundet worden war. Wir beide wurden verladen auf diesen Strohwagen, mit anderen. Wir wurden nach Lindau, einem großen Dorf bei Zerbst gefahren. Dort wurden wir in Bauernhäusern untergebracht. Das ist mir deshalb so in Erinnerung: Vorher war ich Russen gar nicht begegnet, sondern das Personal des Flughafenlazaretts verlud uns auf Anordnung der russischen Flughafenleitung. In Lindau gab es eine große russische Besatzung. Unsere Betreuung übernahmen Ärzte und Schwestern aus der Charité. Teile der Charité waren nach Lindau ausgelagert worden. Es kamen immer hohe russische Sanitätsoffiziere vorbei, die den alten Professor Bier[44] von der Charité besuchten. Sie hatten einst bei Professor Bier in Berlin Medizin studiert. Das erzählte unser Assistenzarzt. Dieser fragte Professor Bier, der im Rollstuhl an unserem Bauernhaus vorbeigeschoben wurde, wie er meine Verwundung behandeln solle. Das Ergebnis hat er mir aber nicht mitgeteilt. Der Hofbesitzer war ein großer Bauer, mit dem ich mich über Ostpreußen und Pferdezucht unterhalten konnte. Er kannte ostpreußische Pferdezüchter, die ich auch kannte. An Einzelheiten erinnere ich mich nicht mehr.

Von Lindau wurden wir in ein großes Barackenlazarett in Zerbst gebracht. Das leitete ein Oberstarzt, dem wir Verwundeten viel zu verdanken haben. Der hatte auch russische Soldaten operiert, die sich bei Schießereien gegenseitig verletzt hatten. Dadurch hatte er beim russischen Ortskommandanten von Zerbst ein Stein im Brett. Der Oberstarzt ließ alle Verwundeten eines Tages antreten und sagte: „Ihr müsst genau das tun, was ich Euch sage, wenn Ihr nach Hause entlassen werden wollt. Tut Ihr das nicht, geht es Euch wie diesem Soldaten, der im Gefangeneneinsatz im Osten Deutschlands Gleise abbauen musste und sich dabei die Schulter zertrümmerte. Dieser Einsatz blüht auch Euch, wenn Ihr nicht genau das macht, was ich vorschlage." Er hat uns überzeugt. Jeder von uns wurde so gut wie möglich versorgt. Es gab ausreichend Verpflegung. Der Hunger war nicht mehr so groß wie auf den Eilmärschen. Auf meinem ganzen Marsch von der Vegesacker Fähre über Oldenburg nach Edewecht hatten wir zum Teil gehungert.

» *Carsten Jäger: Wann haben Sie empfunden, dass jetzt eine neue Zeit für Sie anfängt? Der Krieg war vorbei, die Verwundung überstanden, Sie waren jung...*

... Hitler war tot! Im Lazarett habe ich das empfunden! Unser Lazarett wurde übrigens von einem Vertreter der neuen Landesregierung Sachsen-Anhalts, Minister Thape[45], dem Vater von unserem Moritz Thape[46], besucht. Das ist mir hinterher bei der Namensgleichheit aufgefallen, und ich habe den Bremer Senator Moritz Thape später gefragt, ob sein Vater Minister in Sachsen-Anhalt war: „Ja", war er. Nach Hitlers Tod haben wir überlegt:

„Was machen wir jetzt? Die Hitlerjugend ist weg. Wir müssen Deutschland wieder aufbauen. Das macht die Ostregierung mit der FDJ[47]. Wir müssen uns mal erkundigen, ob wir da mitmachen." Aber das waren eben Lazarett-Gespräche. Als ich wieder einigermaßen laufen konnte, bin ich in Zerbst zu den Quartiersleuten gegangen, bei denen ich vor dem brennenden Zerbst schon in Quartier war. Als Soldat hatte ich sie nach dem Brand wieder besucht. Sie hatten den Ehemann bei dem Brandeinsatz verloren. Ich habe sie getröstet und die Hitler-Uniform des eingezogenen Sohnes im Garten vergraben. Er war Hitlerjugendführer gewesen (lacht). Zur Frage zurück.

» *Carsten Jäger: Wie sahen Sie Ihre eigene Zukunft, und wie fing das politische Engagement an?*

Mein politisches Engagement begann in Vegesack. Ich engagierte mich beim Jugendring Vegesack, den die amerikanische Besatzungsmacht aufgebaut hatte. Sie hatte die Jugendlichen der Schulen aufgefordert: „Kommt in die Strandlust. Dort gründen wir einen Jugendclub." Das war erst ein Club unter amerikanischer Leitung. Die amerikanischen Soldaten räumten die Strandlust, behielten aber die Aufsicht über den Jugendring als Jugendeinrichtung in der Hand. Dort gehörte ich zu einer der Jugendgruppen. Mein Bruder und ich trafen dort auf die Gebrüder Harjes[48]. Sie waren in einer anderen Jugendgruppe und hatten sich bei der Radikal Sozialen Freiheitspartei[49], der RSF, engagiert. Sie überzeugten mich von den Zielen der RSF, so dass ich dieser Partei beitrat, mein Bruder aber nicht.

» *Claus Jäger: Aber wie bist Du denn von Zerbst nach Vegesack gekommen?*

Das ist eine lange Geschichte: Nachdem ich wieder laufen konnte und der Verband um den Hals entfernt worden war, wurde im Lazarett Zerbst verabredet, dass ich bei der Kontrolle durch russische Soldaten mich vordrängeln und meine Splitternarbe unter dem linken Oberarm zeigen sollte, um deutlich zu machen, dass eine Narbe unter dem Oberarm nicht auf SS-Zugehörigkeit hinwies. SS-Soldaten trugen das SS-Zeichen an dieser Stelle und ließen es sich herausschneiden, um sowjetischen Straflagern zu entgehen. Die zurückgebliebene Narbe hatte Ähnlichkeit mit meiner Splitternarbe. Ich verdanke eigentlich einem SS-Feldwebel, dass ich einigermaßen wieder laufen konnte. Der half mir, durch gymnastische Übungen und Massagen wieder gehen zu lernen. Mein Bein war verkrümmt infolge der Verwundung und des Liegens. Das geht schrecklich schnell. Und der sagte: „Junge, jetzt gehst Du! Ich stehe hinter Dir, und wenn Du nicht gehst, gibt es einen Schlag ins Kreuz!" Einmal hat er es getan. Und dann bin ich gegangen. Als tägliche Übung. Wir hatten einen anderen Verwundeten im Zimmer, der bekam Wundstarrkrampf. Den mussten wir wachhalten, damit er nicht einschläft. „Schläfste ein, biste hin", hieß es. Das haben wir gut trainiert. Es waren vernünftige Zimmerkollegen. Es gab nur einen Unvernünftigen. Der kam aus Grohn. Den habe ich später mal getroffen. Der mochte mich im Lazarett schon nicht aus irgendeinem Grunde. Und hinterher war ich froh, wenn er mir in Vegesack nicht mehr begegnete. Zurück: Ich wurde von dem Oberstarzt einer russischen Kommission zur Entlassung als schwer kriegsbeschädigt vorgeführt. Er befragte mich auf Deutsch und irgendjemand übersetzte dem russischen Arzt das. „Was ist das und das und hier der Hals ... Können Sie sich bücken?" Und ich Dummkopf sagte, „ja". Und dann sagte er: „Blödmann. Der Nächste bitte." Ich bekam dann doch den russischen Entlassungsschein. Damit war die Gefahr vorbei, in ein russisches Arbeitslager zu kommen. Den Entlassungsschein habe ich noch. In russischer Sprache. Kurz und gut, ich bin dann aus dem Lazarett rausgegangen, stolz, den russischen Entlassungsschein in der Tasche.

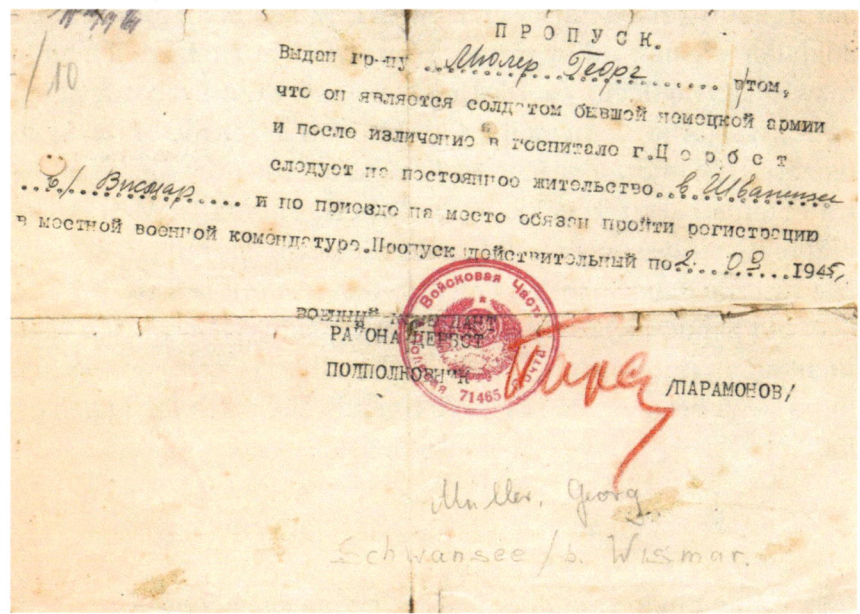

6. Passierschein nach Entlassung aus dem Lazarett in Zerbst

Die Lazarettkumpels schwatzten mir dann den sechszehnjährigen Verwundeten auf, mit dem ich schon vom Flugplatz dorthin gelangt war. „Der hat kein Zuhause. Der kommt aus dem polnisch besetzten Gebiet, das jetzt nicht mehr zu Deutschland gehört. Nimm den mit! Du hast ja hoffentlich Eltern!" Wo ich den Sechszehnjährigen verloren habe, kann ich nicht mehr sagen. Er wollte wohl doch noch weiter nach Osten. Wir hatten keine Karte und keine genaue Orientierung. An der Straße nach Norden hielten wir einen russischen LKW an. Wir durften aufsteigen und fuhren bis Nauen vor Berlin. Dann hat er gesagt, er führe nun nach Berlin. Ich sagte, wir wollten doch nach Mecklenburg. Wir sind dann aus dem LKW ausgestiegen, nicht weit vom Bahnhof Nauen. Der Bahnhofsvorsteher hielt einen Kohlenzug an, einen Brikettzug, der irgendwo aus dem Süden kam. Wir waren nicht die einzigen Soldaten, die da rumlungerten. Wir durften aufsteigen. Ich hatte inzwischen Zivilzeug an. Die Quartiersleute in Zerbst hatten mich neu ausgestattet, denn meine alte Hose war durch die Granatsplitter zerrissen und voller Blut. Mein Jackett hatte mir jemand schon im Flugplatzlazarett geklaut, die Schuhe ebenfalls. Man durfte nichts stehenlassen. Es wurde alles rücksichtslos mitgenommen. Die Familie Rausch hatte mich also versorgt mit Jackett, mit Hosen, mit Schuhen, sodass ich vernünftig laufen konnte. Ich weiß nicht mehr, mit welchen Schuhen ich zu ihnen gegangen war. Ich habe sie ja besucht, da muss ich irgendwelche Schuhe angehabt haben.

» *Claus Jäger: Und dann bist Du in Nauen auf den Brikettzug?*

Von Nauen bin ich auf dem Brikettzug bis nach Schwerin gefahren. Ich habe dort nicht Karl Hermann Flach besucht, der zu der Zeit auch schon in Schwerin war, sondern habe mich zu meinen Eltern aufgemacht. Von denen wusste ich inzwischen, dass sie in Schwansee im Klützer Winkel waren.

» *Carsten Jäger: Das Gut Schwansee ist heute ein Hotel.*

Ja, das Gut gehörte den Freiherrn v. Schröder. Eine Schwester war Marion v. Schröder[50], Verlegerin in Hamburg. Ein Freiherr v. Schröder war später in Bremen Hauptgeschäftsführer der Handelskammer.[51] Meine Eltern waren mit der Verwalterfamilie Diedrichs bekannt. Eine Schwägerin von Frau Diedrichs war unsere Nachbarin – Frau Wien – in Ostpreußen. Die verwitwete Frau Diedrichs und ihre Töchter baten meinen Vater in der letzten Kriegsphase um Mithilfe bei der Verwaltung des Gutes Schwansee. Mein Vater wurde dann sogar Bürgermeister und übergab Schwansee mit weißer Fahne den heranrückenden Engländern. Aber die Flucht meiner Eltern will ich ja nicht erzählen, sondern meine.

» *Claus Jäger: Wie bist Du dann von Schwansee nach Vegesack gekommen?*

In Schwansee wurde ich fürstlich aufgenommen. Da war das alte Personal, das meine Eltern kannte. Es hat mich ordentlich verpflegt. Da habe ich drei oder vier Tage in schönen, weichen Betten gelegen. Mit dem landwirtschaftlichen Beamten, der den Betrieb leitete, bin ich zu der großen Versammlung „Was wird mit unseren Gütern?" gefahren. Es wurde beschlossen, die Güter zu verstaatlichen. „Enteignen!" hieß es. Das habe ich miterlebt.

» *Carsten Jäger: Das war wann?*

Das muss Ende August / Anfang September 1945 gewesen sein.

» *Carsten Jäger: Und nach der Versammlung?*

Nach dieser Versammlung sagte ich, nun müsste ich sehen, wo meine Eltern sind. „Ja, die sind mit der Familie Diedrichs, dem Verwalter des Gutes Schwansee, über den Priwall, die Zonengrenze", hieß es. Der Beamte hat mich dann so weit an den Priwall gefahren, wie er es wagte. Er fuhr mich, vornehm mit einem

Kutschwagen, bis zu einem Dorf, wo er mich auslud. Im Dorf traf ich auf eine Gruppe ehemaliger Soldaten, die wollten auch in Richtung Westen, über die Demarkationslinie, die Zonengrenze. Wir marschierten los. In einem sumpfigen Gelände dachten wir, wir wären schon über die Grenze. Wir hatten uns auf einer trockenen Anhebung niedergelassen. Wir aßen das, was wir vorher mit unseren Lebensmittelkarten in einem Städtchen eingelöst hatten. Und die Verpflegung, die ich aus Schwansee mitbekommen hatte. Es tauchte plötzlich ein russischer Soldat auf. Da hatte ich schier die Hosen voll. Aber ich hatte einen Beutel mit Tabak. Diesen Tabaksbeutel gab ich ihm. Und er sagte: „Geh zum Dorf! Kommentatura! Kommentatura!" Wir sind also zurückmarschiert ins Dorf, aber nicht zur „Kommentatura". Wir haben da andere Soldaten getroffen, Entlassene, die nach Westen wollten. Sie hatten jemanden gefunden, der einen vernünftigen Weg wusste. Mit denen bin ich dann rüber, entlang der Eisenbahnlinie nach Lübeck. Wir überquerten einen Grenzgraben, zu dem er uns führte. „Nun haut ab, ich gehe zurück." Es gab einen Balken über den Graben, der so tief unter Wasser lag, dass ich es nicht wagte, mit meinem verletzten Bein darauf zu balancieren. Die anderen marschierten alle sicher über diesen Balken im Wasser. Ich habe den Balken dann zwischen die Beine genommen und bin quasi auf dem Balken zur anderen Seite geritten. Dabei zerrissen meine Hosenbeine. Dann sind wir zum Hauptbahnhof Lübeck, sind dort in den Zug. Soldaten aus dem Zug halfen mir, in den Zug zu gelangen. Der Zug war so voll, dass wir ohne Hilfe nicht hineingekommen wären. Sie haben mich hineingeschoben, und so fuhr ich bis Hamburg. Dort noch mal dasselbe in den Zug Richtung Bremen. Ich hatte in Travemünde erfahren, dass meine Eltern nach Bremen-Vegesack gefahren waren. Dort hatte meine Mutter eine Schulkollegin aus ihrer Schulzeit in Görlitz. Mein Großvater Albert v. Groeling war zu der Zeit, glaube ich, als Oberst Stadtkommandant von Görlitz. Und diese Schulfreundin hatte sich im Laufe der Jahre mit vielen Zwischenstationen hier in Vegesack als Krankengymnastin niedergelassen. Dahin hatte Muttern schon Gepäck aus Ostpreußen vorgeschickt. Wichtige Sachen, die sie retten wollte.

» *Carsten Jäger: Also, Sie wussten, dass Ihre Eltern schon in Vegesack waren?*

Ja. Dann bin ich nach Vegesack gefahren. Ohne Fahrkarte, woher denn auch. Am Bahnhof Vegesack fragte ich Leute: „Wo ist die Rohrstraße?" Ein Mann antwortete: „Ich bring Dich hin." Er brachte mich in die Rohrstraße zu meinen Eltern. Als er für mich klingelte, trat Mutter durch die Tür und war sprachlos. Mein Vater und meine Geschwister, alle waren hier gelandet. Von Groß-Schwansee aus.

» *Carsten Jäger: Und Sie lebten dann zusammen dort?*

Ja, mein Bruder und ich schliefen in dem Saal, in dem Frau Priester ihre Patienten behandelte, meine Eltern in einem Zimmer. Es gab ein Spülklosett, eine Besonderheit in Vegesack. Dann sprach der Pfarrer von Aumund meine Mutter in der Kirche an: er brauchte Pflegepersonal für einen verwaisten Jungen, Erwin Reimers. Dessen Vater war umgekommen als Kranführer beim Beschuss der Vulkan-Werft. Und die Mutter hatte kurz danach ein Kind bekommen. Das Kind ist gestorben, sie ist gestorben.[52] Der zwölfjährige Bub blieb alleine. Er war zur Pflege bei einem Lebensmittelhändler in der Gegend. Der ist mit ihm nicht fertig geworden. Und es hieß dann, „Müllers haben zwei große Jungs, und da gibt es nur Einverständnis". Das war auch so. Wir zogen in

Erwin Reimers Haus, An der Aumunder Kirche 8A.[53] Zwei Jahre sind wir ganz vernünftig miteinander ausgekommen. Der Unglückskerl spielte mit Schulkollegen unterhalb des Vegesacker Stadthauses in Bunkergängen, die vom Stadtgarten aus tief in den Hang gegraben waren. Und ist verschüttet worden. Die Kinder liefen als erstes zum Pastor, weil sie nicht wussten, wem sie das sagen sollten. Das waren Aumunder Buben, mit denen er da spielte. Und der Pastor kam zu uns gestürzt: „Der Erwin ist da unten verschüttet." Und dann wurde die Feuerwehr alarmiert. Sie hat den Jungen nur noch tot bergen können. Der ganze Sand war auf ihn herabgestürzt, weil die Vegesacker Bürger sich die Stützbalken aus den Gängen als Brennholz herausgeholt hatten. Das war also mein Beginn in Vegesack. Mit Arbeit angefangen habe ich dann bei dem Ehepaar Boiger, das Stoffteddybären herstellte. Die Leute brachten der Firma Stoff, damit daraus ein Teddybär für ihre Kinder hergestellt wurde. Die Frau nähte die Bären, und wir Mitarbeiter stopften sie mit Holzwolle aus. Die Firma zog dann um von der Wohnung Boiger an den Vegesacker Markt in das Haus vom Haushaltswarengeschäft Cordes. Dort hatten die Boigers einen Raum gemietet, in dem wir unsere Arbeit fortsetzten. Wie lange das war? Mindestens ein halbes Jahr im Winter 1945/46.

» *Carsten Jäger: Und dann haben Sie sich engagiert beim Jugendclub?*

Durch den Kontakt mit den Gebrüdern Harjes bin ich dann auf die Radikal-Soziale Freiheitspartei gestoßen. In der RSF habe ich mich engagiert. Wir haben unsere Parteisitzungen in der Gerhard-Rohlfs-Schule abgehalten. Gegen Gebühren, dafür wurde bei jeder Sitzung Geld gesammelt. Als der Unterricht in der Gerhard-Rohlfs-Schule begann, tauchten die Schüler beim Jugendring Vegesack in der Strandlust auf. Obwohl selbst nicht

Gerhard-Rohlfs-Schüler, wurde ich in die Diskussionsrunden einbezogen. Ich bin in dieser Zeit von der Spielwaren-Firma zu einer
Arbeitsgruppe der englischen Armee beim Farger U-Boot-Bunker
gewechselt. Dort gab es auch Mittagessen. Ein Jahr später, am 1.
April 1949, bin ich Lehrling bei der Bremer Tauwerkfabrik geworden. Gleichzeitig habe ich mich politisch eifrig engagiert. Wir
haben in Bremen demonstriert, wir haben Wahlplakate geklebt.
Die ersten Plakate habe ich hinten auf das Fahrrad geklemmt und
bin mit dem Leimeimer durch Vegesack und Aumund gefahren.
Die Plakate habe ich auf Freiflächen an Häusern geklebt.

» *Carsten Jäger: Aber brannten Sie für eine Idee? Oder was hat Sie an*
dieser Gruppe RSF fasziniert?

Schon die Idee der Freisozialen. Freiheit als Hauptbegriff. Die
Idee, Bauland zu schaffen, indem man kein staatliches Land mehr
verkauft, sondern nur noch in Erbpacht vergibt. Es gibt ein dickes
Buch von Silvio Gesell darüber. Und seinen Ideen hing ich an. Da
gab es noch Bücher von einem Schweizer. Wir sind – mit meinem
Bruder zusammen – zu einem Parteitag nach Bielefeld geradelt.
Außerdem sind wir zu einem Parteitag in Braunschweig gefahren. Der Parteivorsitzende[54] konnte sehr gut überzeugen. Und da
er Anti-NS war im Dritten Reich und das auch beweisen konnte,
erhielt er von den Amerikanern die Genehmigung zur Gründung
der RSF.

» *Carsten Jäger: Wie sind Sie zu den Liberalen gekommen? Warum*
haben Sie die RSF verlassen?

Ich blieb auch im Studium liberal und habe in Mannheim die
Liberale Hochschulgruppe im LSD[55] gegründet. Ich habe sogar

jemanden aus der RSF zu einem Vortrag in unsere Hochschulgruppe geholt, einen Prokuristen aus einer Transportfirma. Irgendwann kam einer der Assistenten aus der Hochschule zu uns in die Gruppe und sagte: „Wir brauchen für die FDP sofort einige Eintritte. Wir müssen hier den Laden in Schwung bringen! Ich muss neue Mitglieder schon übermorgen vorzeigen können." Also unterschrieb ein Teil den Beitritt in die FDP, ich auch. Vorher war ich – ohne Mitglied zu sein – bereits angestellter Geschäftsführer der Mannheimer FDP geworden. In einem stattlichen Büro mit vielen Karteikarten. Die Menge konnte ich nie bewältigen. Als ein wichtiges Mitglied austreten wollte, bin ich hingefahren und habe versucht, ihn zu überzeugen, in der FDP zu bleiben. Obwohl ich selbst noch gar kein Mitglied war. Schließlich war er bereit, sogar den Vorsitz der FDP in Mannheim zu übernehmen. Seitdem bin ich engagiert und nachher auch beigetreten. Was mich da geärgert hat: Da saßen Professoren, Kaufleute und Rechtsanwälte und tranken ihr Bierchen. Aber mein Bierchen musste ich als Student selber bezahlen. Da habe ich mir vorgenommen, immer, wenn Studenten an Sitzungen teilnehmen, ihnen das Getränk zu bezahlen.

» *Claus Jäger: Von dieser persönlichen Erfahrung her?*

Ja (lacht).

» *Claus Jäger: Du hast Dich also für die FDP engagiert, bevor Du überhaupt Mitglied wurdest. Das bist Du doch 1958 geworden, oder?*

Ja, mehr als sechzig Jahre Mitgliedschaft!

» *Claus Jäger: Kannst Du Dich noch erinnern, wer Vorsitzender war, als Du beigetreten bist?*

In Mannheim der Kaufmann Margulies, Getreidekaufmann, der zu der Zeit Vorsitzender der Mannheimer Getreidebörse war und Mitglied des Bundestages. Er hatte mich bei der Mannheimer FDP als Geschäftsführer angestellt. Ich kam mit ihm sehr gut aus.[56]

» *Claus Jäger: Baden-Württemberg hatte ja die Teilungsdiskussion.*[57]

Die Mannheimer FDP kämpfte für die Vereinigung von Baden und Württemberg.

» *Claus Jäger: Mannheim lag ja eigentlich in Baden beziehungsweise in der Kurpfalz, aber die FDP kämpfte für Baden-Württemberg?*

Ja, für Baden-Württemberg!

» *Claus Jäger: Hast Du noch Erinnerungen an Personen in der Bundes-FDP?*

Ich habe deutliche Erinnerungen an Reinhold Maier[58], den Ministerpräsidenten vom Land Württemberg. Der hat mich sehr beeindruckt.

» *Claus Jäger: Du musst doch auch Thomas Dehler kennengelernt haben.*

Eine Versammlung für Thomas Dehler habe ich als Geschäftsführer der Mannheimer FDP organisiert. Das war die Zeit des Streits der FDP mit Adenauer. Der Saal war gefüllt mit 1500 Besuchern.

» *Claus Jäger: Wegen der Ostpolitik?*

Ja, dazu hielt Thomas Dehler[59] einen großartigen Vortrag. Ich war über den damaligen Bundespräsidenten Theodor Heuss verärgert, dass er wegen dieses Streits Thomas Dehler nicht zum Bundesjustizminister ernannte. Heuss verweigerte ja damals die Unterschrift unter die Ernennungsurkunde.[60]

» *Carsten Jäger: Sie sind seit über 70 Jahren Mitglied beim Reichsbund, der sich heute Sozialverband Deutschland nennt. Wie kam es zu Ihrer Mitgliedschaft?*

Nach der Arbeit bei der Spielwarenmanufaktur und in den US-Army-Depots in Blumenthal, in Lemwerder und beim Bremer Vulkan schickte mich das Arbeitsamt zur Sprechstunde der Hauptfürsorgestelle. Der Berater wusste nicht so recht, wo er mich als Schwerbeschädigten unterbringen sollte. Dann riet er mir, Stadtinspektor zu werden. Ich wollte aber nicht bei den Leuten die Stromzähler ablesen und verabschiedete mich enttäuscht. Im Sprechzimmer saß ein älterer Herr, der mich ansprach. Ich schilderte ihm meine Situation. „Komm´ doch zu uns in den Reichsbund!" Er war Vorsitzender des Vegesacker Ortsverbandes. Ich unterschrieb den Aufnahmeantrag und wurde später sogar sein Nachfolger als Vorsitzender.

» *Carsten Jäger: Sie sind dann erst mal wieder zur Schule gegangen.*

Ja, ich hatte ja kriegsbedingt keinen richtigen Schulabschluss. Deshalb besuchte ich die Höhere Handelsschule in Vegesack und wurde Lehrling bei der Bremer Tauwerkfabrik. In meiner Freizeit engagierte ich mich beim Reichsbund – unterbrochen von meinem Abiturkurs an der Hochschule für Arbeit und Wirtschaft in Wilhelmshaven. Ich wollte dann studieren. Angeregt durch meine Lehrer wollte ich Handelsschullehrer werden. Mein Erspartes reichte aber nicht und meine Eltern hatten auch kein Geld.

» *Carsten Jäger: Gab es keine Stipendien?*

Der Reichsbund hat mir dann sehr geholfen und dafür bin ich bis heute dankbar. Erst wollte man mir über die Hauptfürsorgestelle helfen. Die bekam Geld von Betrieben, die nicht genug Behinderte einstellten. Mein Antrag wurde aber abgelehnt. Der Landesvorsitzende des Reichsbunds, Dr. Bunge[61], erhob daraufhin Klage beim Sozialgericht. Mit der Begründung, ich hätte ja schon einen Beruf, wurde die Klage abgewiesen. Wir sind dann zur nächsten Instanz, dem Landessozialgericht. Dr. Bunge erstritt dann für mich, dass das Hauptfürsorgeamt das Studium unter Auflagen zu zahlen habe. Jahre später erfuhr ich übrigens, dass Dr. Bunge Liberaler war.

» *Claus Jäger: Du bist nach dem Studium von Mannheim nach Bremen gekommen und bist gleich angefangen als Diplom-Handelslehrer, oder war dazwischen noch etwas?*

Ja, nach dem Examen war ich zunächst Mitarbeiter bei Brown und Boveri[62] in Mannheim. Im Herbst 1960 wurde ich Lehrer auf Zeit, Referendar, in Bremen.

» *Claus Jäger: An den Kaufmännischen Bildungsanstalten in Vegesack?*

Erst in der Stadt, dann versetzt nach Vegesack. Der erste Schulleiter hieß Schuhose[63], es folgte Dr. Brell[64], dann Dr. Harjehusen[65]. Schuhose war Sozialdemokrat, aber er freute sich über mein politisches Engagement. Er hoffte, dass sich mehr junge Leute für Politik interessieren. Als ich 1948 in die Höhere Handelsschule ging, da hatte er mich zum Schulsprecher ernannt. Als solcher habe ich die Abschlussrede gehalten, als die Höhere Handelsschule ihre Schüler entließ.

» *Carsten Jäger: Wissen Sie noch das Thema der Rede?*

Ja, Freiheit. Es ging um die Freiheit, und ich zitierte Kant.

» *Carsten Jäger: Den kategorischen Imperativ?*

Ja.

» *Claus Jäger: Das heißt, Du hast als Teil Deiner Ausbildung nach der Lehre bei der Bremer Tauwerkfabrik die Höhere Handelsschule besucht, den Abschluss gemacht, hast dann in Mannheim studiert und bist dann als Referendar zurückgekommen und bist schließlich Lehrer an genau dieser Handelsschule geworden?*

Nach der Höheren Handelsschule habe ich eine Ausbildung zum Industriekaufmann bei der Bremer Tauwerk gemacht. Dann habe ich bei der GSO, der German Service Organization[66] gearbeitet. Dann habe ich mein Abitur nachgeholt, in einem Kurs in Wilhelmshaven. In Mannheim habe ich dann Betriebswirtschaft und Wirtschaftspädagogik studiert, und hinterher bei Brown und Boveri gearbeitet. Schließlich habe ich in Bremen mein Referendariat zum Diplom-Handelsschullehrer gemacht.

» *Claus Jäger: Als Du Lehrer an der Handelsschule warst, da hatten wir ja auch unsere erste Begegnung.*

Richtig! Irgendjemand hat mich eingeladen ...

» *Claus Jäger: Ja, ich war zu der Zeit Leiter des Politischen Arbeits-kreises am Gerhard-Rohlfs-Gymnasium. Und wir haben Vertreter politischer Parteien eingeladen zur Diskussion. Ich weiß nicht mehr, welche Funktion Du hattest. Warst Du stellvertretender Kreisvor-sitzender der FDP? War Manfred Korn Kreisvorsitzender?*

Ich glaube Manfred Korn.[67]

» *Claus Jäger: Jedenfalls haben wir Dich eingeladen und Du hast über die FDP berichtet. Ich kann mich nicht erinnern, wen wir von der CDU und SPD eingeladen hatten. Ich kann mich aber erinnern, dass ich dann im Arbeitskreis gefragt wurde, ob ich eine besondere Nähe zur FDP hätte.*

Die anderen bei Euch in der Klasse waren ja die späteren Sozial-demokraten, die Gebrüder Börnsen[68].

» *Claus Jäger: Ja, Gert Börnsen war zu dem Zeitpunkt Leiter des ABS, des Arbeitskreises Bremer Schülerringe. Ich weiß nicht, ob er damals schon SPD-Mitglied war, aber auf jeden Fall war er sozialdemokra-tisch orientiert. Und das ergab Fragen.*

» *Carsten an Claus Jäger: Hat der Vortrag dazu geführt, dass Du Dich stärker mit der FDP beschäftigst hast?*

Das glaube ich nicht (lacht). So toll und eindrucksvoll war das nicht.

» *Claus Jäger: Ich hatte zu dem Zeitpunkt nicht die Absicht, einer politischen Partei beizutreten. Ich war aber ein großer Anhänger*

der adenauerschen Westorientierung. Das fand ich die völlig rich-
tige Politik.

Ja, und Du warst ja schon vorher in Amerika gewesen.

» *Claus Jäger: Ja. Ich würde sagen, ich war vom Denken her liberal,*
aber die Frage einer Mitgliedschaft in einer Partei stellte sich zu dem
Zeitpunkt eigentlich nicht. Diese Begegnung war 1963. Du bist zu
der Zeit ja schon im Vegesacker Beirat gewesen.

Ja.

» *Claus Jäger: In der Mitte der Sechzigerjahre gab es ja die intensive*
Diskussion über das Städtebauförderungsgesetz. Nach dem Motto:
„Wir entkernen jetzt die alten Städte und machen alles neu."

Mit Egon Kähler[69], dem Vorsitzenden der Vegesacker SPD-Beirats-
fraktion, habe ich intensiv zusammengearbeitet.

» *Claus Jäger: In Bremen gab es zwei Sanierungsgebiete, einmal das*
Ostertor und dann Vegesack. Zu Deiner Zeit im Beirat war doch die
Diskussion „Tabula rasa" in Vegesack, oder nicht. Was hast Du für
Erinnerungen?

Es ging darum, wie weit „Tabula rasa"? Wir hatten beschlossen, nicht auf der Weserseite der Gerhard-Rohlfs-Straße eine
Schneise durch die Häuser und die Gärten zu ziehen – dafür
habe ich gestritten. Dort wohnte auch „Kugel-Freese"[70], der mich
bekniete, das nicht zu tun, sondern den Weg zu ziehen auf der
Seite, wo er heute ist, hinter den Häusern. Wir hatten uns das
so vorgestellt, dass man an der Gerhard-Rohlfs-Straße neue

Geschäftshäuser bauen könnte und für die wäre die Ladestraße wichtig.

» *Claus Jäger: Aber der Hauptpunkt war doch das alte Vegesack um den Hafen. Das alte Quartier in der Hafenstraße mit den Kneipen, das sollte doch weg.*

Das war noch ein anderer Punkt. Da bin ich mir nicht sicher, ob das noch zu der Zeit von Egon Kähler war. Die Gestaltung der Gerhard-Rohlfs-Straße war mit Egon Kähler. Mit ihm habe ich oft gegen die CDU paktiert. An der Alten Hafenstraße war es ganz schwierig. Dort sollte alles abgerissen und neu gebaut werden. Und es war auch einzusehen, dass da ein Teil wegmusste. Als Lehrling habe ich noch im alten Haus der BLV-Zeitung in der Rohrstraße gearbeitet, aber nicht für das BLV, sondern für die Bremer Tauwerkfabrik. Die hatte unter dem Namen Cordes und Co. dort eine Zulieferungshandlung für Möbelhersteller. Dorthin hatte mich die BTF abgeordnet, damit ich den Großhandel bei dieser Tochterfirma kennenlernte. Cordes und Co hatte eine Niederlassung im Hafenquartier in der Rohrstraße und eine weitere in Bremerhaven. In der Zeit fasste der Beirat den „grandiosen" Beschluss, man müsste das untere Vegesack abreißen. Uns imponierte eine Firma, die Fertighochhäuser aus Stahl herstellte. Das leuchtete uns ein. Schnell aufeinander gebaut, stabil. Heiße Dinger, nicht wahr. Der Himmel hat uns davor bewahrt, dass wir diese Fertighäuser gebaut haben. Die FDP hätte dem zugestimmt, wenn nicht Günter Kuhnert[71], der damalige Kreisvorsitzende der FDP-Bremen-Nord, und ich gegen den Abriss des KITO-Hauses und der alten Apotheke in der Hafenstraße protestiert hätten.

» *Claus Jäger: Georg, die Frage für mich ist: Vegesack hatte ja den Krieg in seinem Kern unbeschadet überstanden. In Vegesack war, glaube ich, keine einzige Bombe gefallen. Beim Vulkan, ja, aber in Vegesack nicht. Vegesack hatte diese völlig intakte Innenstadt mit dem Ring vom Aumunder Heerweg bis zum Hafen. Vegesack war also eine gewachsene Stadt mit allem, was dazu gehört. Und dann kommt Mitte der Sechzigerjahre das Städtebauförderungsgesetz[72]. Ihr habt diese Neuorientierung Vegesacks mitgetragen. Es fällt mir schwer, das nachzuvollziehen, wie es sein kann, dass man die alte Substanz abreißt. Die Jugendstilhäuser in der Reeder-Bischoff-Straße: Es ist der blanke Zufall, dass die noch stehen, weil der Denkmalpfleger sich dann eingesetzt hat. Aber die Mentalität, dass das wegmuss, hat das auch etwas damit zu tun...*

Die ganze Rohrstraße runter, gegenüber der Sparkasse, waren Bruchbuden. Das waren alles baufällige Häuser. Dort gab es eine Lebensmittelhandlung, die den Eltern einer Schulkollegin von der Höheren Handelsschule gehörte, Holzschuppen. Das sahen wir ein, dass die wegmüssten. Wir waren aber für den Erhalt der Häuser am Hölljes Gang.

» *Claus Jäger: Aber ich frage mich, hat diese Einstellung „Da wollen wir etwas Neues schaffen" möglicherweise auch damit zu tun, dass man nach dem Zweiten Weltkrieg und den Erfahrungen auch politisch und gesellschaftlich etwas Neues errichten wollte? Gibt es da aus Deiner Sicht eine Beziehung?*

Nein, es war eigentlich ganz pragmatisch. „Dieses Stück muss neu, und dieses Stück muss neu und dieses Stück muss neu." Aber der Versuch, die alte Apotheke in der Alten Hafenstraße zu retten, war vergebens. Wo muss neu gebaut werden? Zum Hafen hin hätten wir fast alles abgerissen. Dort standen vor allem Holzschuppen.

An deren Stelle hätten wir diese Stahlhäuser gebaut. Ich war dafür, andere auch.

» *Claus Jäger: Das sollte ähnlich werden wie die Grohner Düne.*

Ja. Und der Versuch diese Apotheke zu retten, ist am Baudirektor Haslob[73] gescheitert. Der hatte damals gesagt: „Die muss weg, die ist baufällig." Und wir haben uns hingestellt und gesagt: „Der Platz zwischen KITO und dem erhaltenswerten alten Haus von Hermann Krauß[74] muss erhalten bleiben." Ob schon unter dem Einfluss von Hermann, kann ich nicht sagen. Er ist dann ja auch irgendwann der FDP beigetreten.

» *Claus Jäger: Ich kann mich erinnern, als ich aktiv wurde nach dem Beitritt in die FDP 1969, nach der Rückkehr aus dem Studium, dass es intensive und anregende Diskussionen mit Dirk Harms[75] über die Ziele des Städtebauförderungsgesetzes gab. Aber das verlassen wir jetzt mal: nachdem Du von 1963 bis 1967 schon im Beirat warst, bist Du ja von 1967 an erstmals in der Bürgerschaft gewesen.*

Ja, da sind die Zettel (zeigt auf Unterlagen).

Paul-Heinz Schubert
Kaufmann

Günter Kuhnert
Werkmeister

Georg Müller v. Groeling
Studienrat

Liebe Wählerin!
Lieber Wähler!

Sie haben am 1. Oktober das Wort. Bitte, nutzen Sie es, wählen Sie! Seien Sie kritisch! Prüfen Sie genau!
Die Spitzenkandidaten der FDP für Bremen-Nord haben Sachverstand, Mut und Einsatzfreude. Ihre Stimme entscheidet, wie stark
wir FDP-Kandidaten uns für Sie, für Ihre Kinder, für die Zukunft unserer Stadt einsetzen können.

für vernünftigen Fortschritt =
für bremische Tradition = **FDP**
für eine solide Zukunft =

7. Wahlanzeige zur Bremer Bürgerschaftswahl am 1. Oktober 1967

» *Claus Jäger: Übrigens warst Du ja parallel noch Mitglied im Vegesacker Beirat, damals ging das noch.*

Ich habe als Bürgerschaftsabgeordneter dafür plädiert, die Doppelmitgliedschaft abzuschaffen.

» *Carsten Jäger: Sie haben sich in der Bürgerschaft von Anfang an mit Bildungspolitik beschäftigt. In die Zeit fielen wichtige gesellschaftliche Konflikte, die auch in Bremen offen ausgetragen wurden. Nach Zustimmung durch den Senat hatte die Bremer Straßenbahn AG im Januar 1968 die Fahrpreise leicht erhöht. Es kam zu tagelangen Protesten und Demonstrationen, ausgehend von Schülern, den sogenannten „Straßenbahnunruhen". Erinnern Sie sich?*

Ich kann mich deutlich daran erinnern. Eine der führenden Figuren kannte ich gut, den Sohn von Dr. Rademann[76] in Vegesack, der für die CDU im dortigen Beirat saß. Sein Sohn Hermann Rademann[77] war Schüler am Gerhard-Rohlfs-Gymnasium in Vegesack. Als er zuhause auszog, um bei einem Lehrer in Bremen die Schülerrevolution zu leiten, habe ich ihn aufgesucht und versucht, ihn zu beruhigen. Und als er mit seiner Gang vor den Fenstern der Bürgerschaft stand, habe ich ihm auch zugeredet, keinen Ärger zu machen. Das hat er dann auch nicht getan. Und ich war auf dem Domshof, als Borttscheller[78] versuchte, zu ihnen zu reden und sie zu beruhigen.[79] Aber das lief bei den alten Leuten überhaupt nicht mehr.

» *Carsten Jäger: Sie meinen, beide Seiten konnten sich nicht verstehen, sprachen andere Sprachen?*

Ja, Borttscheller fand nicht die richtigen Worte. Ich erinnere mich auch an Freiburg: Die große Versammlung vor unserem

Parteitagsgebäude, von liberalen Studenten organisiert, auf der Hildegard Hamm-Brücher[80] versuchte, mit Rudi Dutschke[81] zu reden. Das funktionierte überhaupt nicht. Sie sprach nicht die Sprache der jungen Leute. Aber dann kam Dahrendorf[82] und es gab ein gutes und interessantes Gespräch.

» *Carsten Jäger: Waren Sie dabei?*

Ich stand nicht weit davon in der Menge und habe das aus der Nähe angehört. Es war eine erstaunlich ruhige Atmosphäre. Bei Hamm-Brücher gab es noch Unruhe in der Menge, als Dahrendorf mit Dutschke diskutierte, hörten alle interessiert zu.[83]

» *Carsten Jäger: In Bremen gab es dann ja sogar einen Untersuchungs-ausschuss zu den Schüler-Protesten, in dem Sie für die FDP-Fraktion saßen. Wie kam es zu dem Ausschuss? Haben Sie dessen Einsetzung unterstützt? Wie war das Ergebnis?*

Der Untersuchungsausschuss war komisch. Ich kam mir da leidlich überflüssig vor.

» *Carsten Jäger: War die FDP-Fraktion auch für die Einsetzung ge-wesen?*

Ich schätze ja. Untersuchungsausschüsse sind ja immer gut, um Abläufe festzustellen. Genaueres ist mir nicht in Erinnerung ge-blieben.

» *Carsten Jäger: Im August 1968 wurde der Prager Frühling durch Ein-marsch von Truppen der Warschauer-Pakt-Staaten niedergeschla-gen. Die Reformen des tschechischen Parteichefs der Kommunisten*

Alexander Dubček[84] für mehr Demokratie wurden zurückgenommen
und dieser entmachtet. Am Tag nach dem Einmarsch gab es eine
Protest-Kundgebung auf dem Bremer Marktplatz, auf der Sie laut
Weser-Kurier auch geredet haben. Sie werden mit den Sätzen zitiert,
der Einmarsch sei der Versuch der „Ewig-Gestrigen, die das Rad
der Geschichte aufhalten wollen." Mit Panzern werde der Weg der
Reform verstellt. Damit würden jedoch Explosionsherde geschaffen.
Gewalt werde den Geist nicht aufhalten, auch nicht in der CSSR.[85]
Erinnern Sie sich? Das ist ja im Nachhinein prophetisch.

Das klingt ja gewaltig. Aber ich kann mich überhaupt nicht an
die Rede erinnern. Aber das werde ich schon so gesagt haben.
Das Schicksal der Menschen im sowjetischen Machtbereich hat
mich immer beschäftigt – auch emotional. Das mag an meiner ostpreußischen Herkunft liegen. Wir fühlten mit Dubček. Er stand
für die Hoffnung, dass auch dort etwas Freiheit für die Menschen
erkämpft werden könnte.

>> *Claus Jäger: Es gab ja noch einen Untersuchungsausschuss in Deiner*
ersten Legislaturperiode zur „Bauland-Affäre". Da ging es um über-
teuerte Landkäufe und überhöhte Maklerprovisionen beim Bau der
Autobahn durch das Bremer Blockland. Im Mittelpunkt der Vorwürfe
stand der damalige SPD-Fraktionsvorsitzende Richard Boljahn[86]. Aber
der damalige FDP-Fraktionsvorsitzende Paul-Heinz Schubert[87] hat
dann ja auch den eigenen FDP-Senator Speckmann[88] belastet. Schubert
wurde dann als Fraktionsvorsitzender abgewählt und aus der Frak-
tion ausgeschlossen. Du rücktest für Schubert in die Bau-Deputation
nach. Turbulente Zeiten. Auch damals wurde sich nichts geschenkt.

Schubert hatte aus dem Urlaub einen Artikel gegen Speckmann
mit Behauptungen lanciert. Die waren aber haltlos und konnten

auch nicht von den Hauptbeteiligten ablenken: Richard Boljahn und dem mit ihm befreundeten Immobilienmakler Wilhelm Lohmann[89]. Später musste dann ja auch Bausenator Wilhelm Blase[90] zurücktreten. Der Hintergrund der Attacke von Schubert gegen Speckmann war, dass er selbst gern Senator geworden wäre. Politiker, die ihre eigene Karriere wichtiger nehmen als das Wohl der Partei, waren mir immer suspekt. Es widerspricht auch der demokratischen Kultur, Mandate, die man durch eine Partei erlangt hat, nach einem Parteiwechsel mitzunehmen. Ich war immer dagegen.

» *Claus Jäger: Auch unser Senator Georg Borttscheller wurde in dieser Zeit massiv angegriffen. Es ging um Mehrkosten beim Bau der Container-Kaje in Bremerhaven. Das Projekt war technisch ambitioniert und es stellte sich heraus, dass die Spundwände zunächst nicht hielten. Bremen hat Borttscheller sehr viel zu verdanken. Er wurde damals ja schon flapsig „Container-Schorse" genannt. Darin steckt aber auch Respekt. Ohne Borttschellers Weitsicht bei der Entwicklung des Container-Verkehrs hätten Bremen und Bremerhaven im Seehandel schnell den Anschluss verpasst. Du hast ihn als einziger in der Bürgerschaft gegen die Kritik der CDU aber auch der SPD verteidigt.*

Ja. Das war auch eine eigentlich komische Geschichte. Die SPD hatte sich der Kritik angeschlossen, weil Borttscheller die Aufträge an eine Spezialfirma vergeben hatte – ohne vorherige Beteiligung der Deputation. Die Fraktion schob mir dann die Verteidigung von Borttscheller zu. Ich bekam aber aus dem Ressort überhaupt keine Auskunft. Auch nicht vom dem Partei-Kollegen Schweinfurth[91], der da saß. Der hätte mich ja etwas unterrichten können. Ich musste also aus der hohlen Hand, ohne irgendetwas zu wissen, etwas sagen. Dann habe ich das moralisch aufgezogen. Und da hat der CDU-Abgeordnete Klein[92] dazwischen gerufen: „Priester! Priester!", weil ich das so moralisch aufgezogen hatte. Die Beschimpfung blieb, aber wir kamen damit über die Runde. Und die Verdienste Borttschellers um den Hafen und den Container-Umschlag mögen dann nach außen positiv gewirkt haben.

» *Claus Jäger: In diese Zeit fiel auch die Entscheidung über die Neugründung der Bremer Universität. Die 68iger Bewegung hatte sich aus Berlin und anderen Universitätsstädten auch nach Bremen fortgesetzt. Was ist Dir aus der Diskussionsphase über die Bremer Uni besonders haften geblieben? Du warst ja auch einer der wenigen in der Fraktion, die ein Universitätsstudium gemacht hatten. Das waren zu der Zeit nicht so viele. Insofern warst Du für bildungspolitische Fragen ja auch prädestiniert.*

Ich erinnere mich deutlich des ersten Versuches zu Wilhelm Kaisens[93] Zeiten, diese Universität in Grohn aufzubauen, wo heute die Jacobs-Universität ist. Ein Geologe aus Hannover hatte ein Gutachten gemacht und da wurde gründlich diskutiert. Ich fand Bildung schon damals wichtig. Und mir tat es leid, dass das an zu hohen Kosten scheiterte. Dann kam der nächste Anlauf mit unserer jetzigen Uni. Ich habe noch mit dem damaligen Bundesminister, Professor Dr. Hans Leussink[94], die beiden ersten Schnellbauten eröffnet, für die wir die Bauzeichnungen und die gesamten Unterlagen aus Nordrhein-Westfalen bekamen. Es waren die ersten beiden Gebäude der Uni. Ich habe immer für die Uni gestritten, auch für mehr Mitbestimmung in der Uni. Ich hatte nicht den Blick auf Berlin gerichtet, wo der Streit um die Mitbestimmung aus dem Ruder lief.

» *Claus Jäger: Die Gründung der Uni fiel in die Zeit, in der man ei-*
nerseits wegen der steigenden Studentenzahl mehr Universitäten
brauchte und andererseits sie auch ändern wollte, weg von der Or-
dinarienstruktur. Bremen verstand sich ja als eine Neugründung
mit paritätischer Mitbestimmung, diese drittelparitätische Mitbe-
stimmung. Das fandst Du damals auch richtig?

Jein. Das kann ich nicht so eindeutig beantworten, ob ich die Drit-
telparität richtig fand. Aber ich stritt um die Universitätsgesetze.
Da waren wir uns einig mit dem späteren CDU-Senator Schulte[95],
und dem Sozialdemokraten, der sich später umgebracht hat...

» *Claus Jäger: ... dem Bruder von Dieter Klink, Job-Günter[96]...*

Ja. Wir saßen zusammen in der Wohnung von Professor Manfred
Schindler[97]! Wir berieten, wie man eine vernünftige Uni planen
könnte. Mitbestimmung, ja, aber nicht so, dass die Professoren
überstimmt werden könnten. Denn inzwischen, mit den ersten
Einstellungen, kam Frau Gerstenberger...

» *Claus Jäger: Heide Gerstenberger, Vertreterin des Mittelbaus...[98]*

Ja, und die machte dann auf Revolution. Sie bewirkte 1969 die
Entbindung des Gründungskurators der Universität Hans Werner Rothe[99]. Ein sehr netter und kultivierter Mann. Dessen Ideen
zur Gründung einer Campus-Universität fand ich richtig. Deshalb
habe ich seine Ideen unterstützt. Und ihn sogar in der Bürgerschaft damals gegen Angriffe verteidigt. Er hat mir noch ein Gedicht gewidmet als Dankeschön, weil ich der einzige war, der ihn
verteidigte, als er attackiert wurde – auch von SPD-Seite. Ich habe
leider darauf nicht geantwortet.

» *Claus Jäger: Die Gründung der Universität war von der FDP-Fraktion ja auch sehr stark unterstützt worden. Dass Bremen Universitätsstadt würde, wollte auch die FDP, die zu der Zeit ja auch im Senat war. Aber dann gab es die große Auseinandersetzung: Geht diese Universität zu weit nach links? Wird das eine rote Uni? 1971 hat die Berufung von zwei Professoren dazu geführt, dass die FDP aus dem Senat ausgeschieden ist und damit vorzeitig die Koalition beendet hat. Ich habe daran noch sehr lebhafte Erinnerungen. Es ging zu einem um den Historiker Imanuel Geiss[100], der sich später in der Uni dagegen verwahren musste, er sei zu rechts. Und dann ging es um den Pädagogen Gottschalch[101], der dann später nach Amsterdam gegangen ist...*

... mit Geiss hatte ich vorher schon Kontakt, den fand ich gut, und damit war ich anderer Meinung als meine Fraktion.

» *Claus Jäger: Das war ja auch ein sehr kultivierter Mann. Was mich interessiert, wie hat sich der Meinungsbildungsprozess in der FDP damals vollzogen? Wie ist es dazu gekommen, dass man sagte, jetzt scheiden wir aus? Gab es da einhellige Auffassungen? Wie hast Du das gesehen?*

Ich habe vertreten, dass wir aus der Koalition ausscheiden, weil wir nicht mehr übereinstimmten. Auch „Hannes" Koschnick[102] hatte mir bei einem Gespräch geraten: „Lasst Euch das nicht gefallen!"

» *Carsten Jäger: Hans Koschnick?*

Ja. Wir hatten ja mit unserem damaligen Fraktionsvorsitzenden Harry John[103] mehrfache Gespräche, auch mit der Universitätsleitung. Da habe ich noch Harry Johns Worte im Ohr, der ganz antikommunistisch, anti-Ost war, ganz gegen diese „roten Leute", die an der Uni auftraten. Zum Teil auch mit dümmlichen Argumenten, die ich manchmal auch bei mir entdecke. Nicht geistig untermauert genug. Und da bin ich ihm gelegentlich ins Wort gefallen und habe gesagt: „So kann man das nicht machen!" Es gab einen Juristen in der Diskussion, dessen Argumente stark und gut waren, der sehr links argumentierte, sich politisch aber nie engagierte. Wie hieß denn der? Der hatte auch einen wichtigen Namen. Ein Jura-Professor. Und da gab es Diskussionen, die ich von unserer Seite aus nicht gut fand. Aber ich hätte sie auch nicht besser machen können.

» *Claus Jäger: War die Entscheidung einstimmig, aus dem Senat auszuscheiden?*

Ja, ja. Aber es gab Bedenken.

» *Claus Jäger: Die Senatoren waren ja Speckmann und Borttscheller und Graf[104]. Also unsere drei Senatoren und die Fraktion haben das doch einheitlich gesehen?*

Ich fürchte, ich glaube, ja, obwohl auch Bedenken auftauchten in der Diskussion. Es hieß dann irgendwann, die Entscheidung fiel zu schnell, und es wäre nicht genügend diskutiert worden. Dann gab es Unzufriedenheit. Aber erst hinterher. Vielleicht bei mir auch. Ich weiß es nicht mehr so genau.

» *Claus Jäger: Die FDP hatte mit dem Austritt aus dem Senat sicher die Hoffnung verbunden, dass man das honorieren würde im Bremer Bürgertum. Das ist aber dann ja nicht passiert. Das Ergebnis wurde nicht honoriert. Bei der Wahl 1971 bekamen wir ein sehr schwaches Ergebnis.*

Ja, es fiel steil ab.

» *Carsten Jäger: Ähnlich wie 1995 nach dem Ampel-Aus.*

» *Claus Jäger: Ja. Vorzeitige Beendigung wird offenbar nicht honoriert, auch wenn sie unausweichlich ist.*

» *Carsten Jäger: Sie waren zu der Zeit um die 40 und wurden ja auch unterstützt von den Jungdemokraten. Es gab eine massive Diskussion nach dem Ende der sozial-liberalen Koalition in Bremen wegen der Unibesetzung. Ob das Koalitionsaus richtig war und ob man mit der richtigen Aussage in die folgende Bürgerschaftswahl gegangen ist. Die Jungdemokraten waren eher pragmatisch dafür, dass es besser sei zu regieren, als nicht zu regieren. Wie erinnern Sie diese Phase?*

Das ist richtig. Ich war allerdings stark gegen die linken Auftritte vor allem von Frau Gerstenberger, die organisiert hatte, dass keine Studenten in die Vorlesungen der mir bekannten Professoren Seibt[105] und Holl[106] gingen. Deshalb war ich sehr für die Auflösung der Koalition.

» *Carsten Jäger: Anders als die Jungdemokraten, die Sie ja aber trotzdem unterstützt haben.*

Ja, das ist richtig.

» *Carsten Jäger: Sie wurden dann nicht wieder aufgestellt beziehungsweise bekamen einen hinteren Listenplatz ohne reale Chance. Sie sind dann bei der nächsten Legislaturperiode nicht dabei gewesen. Die Altsenatoren Graf und Borttscheller haben erstmal weiter die Politik in Bremen bestimmt.*

Ja, ich erinnere mich an einen Negativpunkt. Es gab eine große Versammlung in der Sparkasse zum Thema Universität und der Berufung von Professoren. Da gab es eine Beschimpfung des Senats, vor allem ging es gegen Graf und Borttscheller. Da ging es mir gesundheitlich nicht gut. Nachdem ich mich aufgeregt hatte, aber gar nicht zu Wort kam, saß ich auf der Treppe. Und irgendjemand kam und fragte mich, ob ich nicht in der Bürgerschaft aufhören wollte. „Kommen Sie doch ins Lehrer-Bildungsinstitut!" Also, ich klapperte.

» *Carsten Jäger: Sie haben tatsächlich überlegt, Ihre politische Karriere wieder zu beenden?*

Nein, das war nur ein Angebot von dem Leiter des Instituts. Ich sagte: „Nein, ich bleibe in der Politik."

» *Carsten Jäger: In den Zeitungen finden sich Zitate mit massiver Kritik von Ihnen vor allem am Wahlkampf und an Senator Graf. Sie sagten, der sei nicht mehr zeitgemäß. Ein Artikel berichtet von einem Treffen mit Jungdemokraten in Bremen-Nord, da wurde das Ziel einer „Generalbereinigung" der Bremer FDP formuliert.[107] Im Vergleich zu heute gab es große innerparteiliche Diskussionen, die auch offen ausgetragen wurden.*

Ja, ich habe die jungen Leute damals unterstützt in ihrer Kritik und ich weiß nur noch, dass ich auf dem Parteitag, als wir stark auf den Rücktritt von Graf setzten – der unterstützt wurde von einer Schwachhauser Gruppe der FDP um Schönfeld[108] und anderen – dass ich eine Abschiedslobrede hielt. Die wurde in meiner Ironie aber nicht so verstanden. Eher als Bestätigung denn als Abschied.

» *Claus Jäger: Dann warst Du in der Fraktion 1971 bis 1975 nicht vertreten. Ich habe 1974 bei der FDP-Fraktion als Mitarbeiter angefangen. Da waren Harry John, Horst-Jürgen Lahmann[109], Walter Ostendorff[110], Eva Schütte[111]...*

Da habe ich Harry John noch mit abgesägt und Lahmann verteidigt. Und Lahmann mit installiert als Fraktionsvorsitzenden.

» *Claus Jäger: Das war nach der Wahl 1975.*

Ja.

» *Claus Jäger: Horst-Jürgen Lahmann war 1974 finanzpolitischer Sprecher, John war Vorsitzender, Walter Ostendorff war stellvertretender Vorsitzender. Und bei der Wahl 1975 haben wir dieses sehr beeindruckende Ergebnis von fast 13 Prozent erreicht, in der Hochzeit der sozial-liberalen Koalition auf Bundesebene. Nach 1969 und dann dem gescheiterten Misstrauensvotum gegen Willy Brandt war 1975 die Zeit mit der höchsten Zustimmungsrate, die die sozial-liberale Koalition je erreicht hat. Und da warst Du wieder in der Fraktion. Lahmann hatte aber schon die Zusammensetzung der Fraktion und die Erarbeitung des Wahlprogramms – daran war ich ja auch beteiligt – bestimmt. Das war ja ein Mittel von ihm, den Landesvorsitz und den Fraktionsvorsitz zu bekommen. Und John hat dann den Stellvertreterposten bekommen, hinter Lahmann.*

Seitdem hat er, Harry John, von mir verlangt, dass wir uns wieder siezen. Weil ich gegen ihn argumentiert hatte und für Lahmann. Es war eine Hackselei, und ich sehe mich da noch argumentieren. Und ich sehe mich auch noch mit Lahmann zusammensitzen, als das Wahlprogramm entworfen wurde, und mit dem Mann der Werbefirma aus dem Rheinland, der das Wahlprogramm in einfache Sprache transponierte – mehrere Stunden.

> » *Claus Jäger: Wir hatten 1975 ein umfangreiches Wahlprogramm und hatten daraus eine Wahlaussage destilliert. Die habe im Wesentlichen ich geschrieben. Und beraten hat uns damals ein gebürtiger Tscheche, der aber sehr gut mit der deutschen Sprache umgehen konnte. Da haben wir sehr gelungene Formulierungen gefunden. In der Zeit von '75 bis '79 warst Du doch bildungspolitischer Sprecher.*

Ja. Ach, ich war zeitweise auch baupolitischer Sprecher, weil irgendjemand die Position abgab.

> » *Claus Jäger: Vorher war ja Frau Schütte die bildungspolitische Sprecherin.*

Ja.

> » *Claus Jäger: Du hast von '75 bis '79 im Wesentlichen Bildungspolitik gemacht. Und in diese Phase fiel die grundlegende Veränderung der bremischen Bildungspolitik: Lehrerausbildungsgesetz, Weiterbildungsgesetz, Bremisches Schulgesetz. Also das, was wir jetzt an politischer Einseitigkeit im bremischen Bildungssystem haben. Die Grundlagen sind in dieser Zeit gelegt worden.*

Ich war sehr für die Änderung des Lehrerausbildungsgesetzes, weil ich fand, das reichte nicht, was bisher geboten war. Ich war aber nicht für die Veränderung des Schulgesetzes der alten Staffel. Ich war immer gegen Gesamtschulen und hatte diese Änderung für falsch gehalten. Ich habe schon damals in der Deputation für das Beibehalten des Praktikumsjahrs vor dem Studienbeginn an der Ingenieursschule gestritten. Und ich habe ihnen erläutert, wie negativ es sei, wenn dieses Praktikumsjahr wegfällt. Aber das hat Senator Thape nicht akzeptiert.

» *Claus Jäger: Wenn man die Debatten dieser Zeit sieht, also von 1975 bis 1979, wo wir ja auf Bundesebene eine sozial-liberale Koalition hatten und sich Hildegard Hamm-Brücher bildungspolitisch enga- gierte, hat die FDP in Bremen sich immer für die Beibehaltung des gegliederten Schulsystems ausgesprochen.*

Ja, das haben wir. Und ich auch, aus Überzeugung.

» *Claus Jäger: Und gegen diese Vereinheitlichungstendenzen. Ich kann mich gut erinnern, dass das die intensivsten Debatten in der Bür- gerschaft waren. Neben finanzpolitischen Debatten, die wir hatten.*

» *Carsten Jäger: In Bremen wurden immer schon gern Experimente gemacht und Neues eingeführt. Zum Beispiel die Orientierungsstufe. Die haben Sie abgelehnt?*

Ja, ich war für das alte und bewährte Schulsystem, weil das or- dentlich vorbereitete. Vier Jahre sind die Kinder zusammen mit allen anderen. Was will die Ideologie denn unbedingt noch zwei Jahre gemeinsamen Unterrichts dranhängen, sagte ich. Es ging im Wesentlichen darum, dass man die Kinder der Bürger, der sogenannten „besseren Leute", nicht trennen wollte von den

„Arbeiterkindern", wie es damals hieß. Heute würde man von einem bildungsfernen Hintergrund sprechen, unabhängig von Einkommen und Beruf der Eltern. Die Scheu vor differenzierten Bildungsangeboten nach Stärken und Schwächen fand ich nicht gut.

» *Carsten Jäger: Weil es am Ende niemanden hilft?*

Es hilft niemandem. Heute würde ich sagen, die bleiben unten hängen. Wenn man sich nicht besonders den Jugendlichen, die schwerer lernen und langsamer drankommen, widmet, sondern denen, die flott durch den Unterricht gehen. Das ist negativ.

» *Carsten Jäger: Warum waren Sie gegen Gesamtschulen? Hat Sie das pädagogische Konzept nicht überzeugt?*

Nein. Man wollte dann ja auch gleich jedermann Abitur machen lassen. Das war ja das Schlagwort, es könne jeder das Abitur schaffen. Das war für mich nicht einsichtig. Dadurch wurde das Abitur entwertet und andere Abschlüsse in ihrem Ansehen geschwächt.

» *Carsten Jäger: Wie heute noch?*

Ja, wie wir es nun heute haben, hinten durch die kalte Küche: „Oberschulen"!

» *Claus Jäger: Das Bremische Schulgesetz formulierte den Glaubenssatz, das gegliederte Schulsystem in ein Gesamtsystem zu überführen. Die Unterscheidung sollte bewusst aufgegeben werden. Da gab es ja zwei Gesamtschulen, West und Ost. Und der Schulverbund Lesum[112] war eine Mittelform, in der das probiert werden sollte.*

Letztlich hat das, was wir gegenwärtig in Bremen bildungspolitisch diskutieren, seinen Kern in dieser Zeit. Vor vierzig Jahren sind die Weichen gestellt worden.

» *Carsten Jäger: Gleichzeitig haben Sie sich in Ihrer zweiten Legislaturperiode gegen Noten in der ersten und zweiten Klasse ausgesprochen.*

Ja, da bin ich auf die Argumente der FDP-Jugend eingegangen, die sich ganz stark für die Abschaffung der Noten einsetzte. Nach mehreren Gesprächen habe ich mich dann auch für die Nichtbenotung eingesetzt. Heute finde ich das nicht mehr richtig. Heute finde ich Benotungen wichtig, weil das Groborientierungen sind, die auch einfache Eltern und einfache Schüler verstehen.

» *Carsten Jäger: Sie haben auch den Numerus Clausus kritisiert. Da gab es 1976 eine große Debatte. Diese Kritik ist aber ja bis heute einhellig in der FDP.*

Da hat mich Professor Lanzerath[113] sehr unterstützt, der spätere Hochschul-Rektor in Bremen.

» *Carsten Jäger: Sie haben sich auch eingesetzt für Wirtschaftsunterricht auch an allgemeinbildenden Schulen.*

Das ist auch heute noch wichtig. Christian Lindner[114] sagt ja auch, Wirtschaft muss in der Schule unterrichtet werden. Man kann die jungen Leute, die nicht in irgendein Studium gehen, sondern aufhören mit dem Hauptschulabschluss oder mit der Mittleren Reife, nicht in das Leben entlassen, ohne dass man ihnen einige Grundsätze über Wirtschaft vermittelt. Manche haben sich schon in den Ruin gezogen, weil sie Bürgschaften oder Wechsel für andere unterschrieben haben, ohne Wissen um die Folgen.

» *Carsten Jäger: Es gab zu Ihrer Zeit sehr leidenschaftliche Parlamentsdebatten. Vielleicht leidenschaftlicher als sie es heute sind. Eine Debatte in der Bürgerschaft ging um ein Gedicht von Erich Fried, das eine Lehrerin in Bremen im Unterricht verwendet hatte. Der damalige Fraktionsvorsitzende der CDU Bernd Neumann[115] zettelte daraufhin eine Debatte an, in der Sie die Lehrerin und Erich Fried verteidigten.[116]*

Ja. Ich habe mich darüber aufgeregt, weil ich Gedichte von Fried auch schon vorher gelesen hatte. Ich kannte auch seine Stellungnahmen in der Öffentlichkeit. Nun gab gerade dieses Gedicht eine Reihe von Argumenten, die sehr menschlich waren und eigentlich keinen Aufruf zur Revolution enthielten. Das habe ich wie selten mit aller Leidenschaft und allem Schwung in der Bürgerschaft vertreten. Ich habe dafür auch sehr viel Beifall bekommen.

» *Carsten Jäger: Es ging auch um die Frage, ob auch die DKP Mittel aus der politischen Bildungsförderung bekommen sollte. Die FDP hat dafür plädiert aus Gründen der Meinungsvielfalt. Und um zu verhindern, dass sich Zirkel unter der Oberfläche bildeten. Man wollte sich lieber der Diskussion stellen.*

Daran erinnere ich mich nicht. Ich bin aber als Lehrling mit meinem Bruder einer Einladung der FDJ gefolgt zum ersten „Deutschlandtreffen der Jugend"[117] in Berlin. Das hatte mich sehr interessiert. Ich habe da als Kriegsversehrter auf prominentem Platz teilnehmen dürfen und konnte mir das von der Tribüne anschauen. Während andere aus Bremen sich in den Marschkolonnen eingereiht hatten. Auf dem Hinweg sind wir im Dunkeln von den bremischen

FDJ-Leuten über die Zonengrenze geführt worden, weil es hieß, diese sei gesperrt. Auf dem Rückweg erlaubte die SED-Parteileitung wohl nicht, dass man über die Grenze käme. Die Gruppen aus Westdeutschland wurden an der Grenze aufgehalten. Da plädierten die bremischen KPD-Abgeordneten dafür, dass man die Leute doch durchlassen sollte. Die sahen die Anordnung der SED nicht als vernünftig an. Es hieß dann, der Westen sperrte die Grenze. Wir mussten ja wieder auf den Arbeitsplatz zurück – zur Bremer Tauwerkfabrik. Auf Zureden der Bremer Kommunisten unterschrieben mein Bruder und ich dann bei einem westdeutschen Grenzposten, dass wir einverstanden seien und keine Revolution wollten und sind dann durchgelassen worden. Seitdem sah ich ein, dass die DKP im Westen auch ganz vernünftige normale Politik betreiben konnte und nicht auf Revolution ausging wie im Osten.

8. Tribünenkarte „Deutschlandtreffen der Jugend"

» Carsten Jäger: Bei einer Plenarsitzung ging das Licht aus, was Sie gar nicht lustig fanden. Im Gegensatz zu den anderen und zum Bürgerschaftspräsidenten.[118]

Ja, das ärgerte mich, weil ich meine Notizen während der Rede nicht mehr lesen konnte. Es ging sicher nicht um superwichtige Dinge. Aber ich muss mir bei Reden immer einige Notizen machen. Ich lese zwar nicht ab – das habe ich nie gemacht – aber ich hangele mich durch Stichworte durch das, was ich sagen will. Und da hatte sich jemand mit seinem Rücken gegen einen Schalter gelehnt – versehentlich! Und da fauchte ich los: „Behinderung der Politik" und so weiter. Da gab es ein größeres Gelächter. Hinterher fand ich es auch ganz lustig. Hinterher!

» Carsten Jäger: Sie haben auch einmal unter lautem Protest eine Plenarsitzung verlassen. Es ging um die Stationierung von US-Soldaten in Garlstedt zwischen Bremen und Bremerhaven.[119] Die FDP war skeptisch wegen der Militäransiedlung. Sie fühlten sich von der Christdemokratin Marianne Hänecke[120] unfair angegriffen und verließen unter dem Ruf „Freiheit statt Diffamierung" das Plenum.[121]

Ich erinnere mich nicht an die Sitzung. Aber es gab heftige Auseinandersetzungen um die Ansiedlung der amerikanischen Soldaten in Garlstedt. Ich verließ aber einmal unter Protest eine Fraktionssitzung mit zugeschmissener Tür.

» Carsten Jäger: Worum ging es da?

Um die Besetzung des Kanzlers der Universität. Da gab es einen Bewerber, Dr. Hans-Heinrich Maaß[122]. Und den wollte die Fraktion ablehnen. Nun kannte ich den ja aus Bremen-Nord und wusste, dass er Assistent des Vorsitzenden der Bremer Landesbank war. Ich habe gesagt: „Das könnt Ihr nicht tun, der kommt aus einer renommierten Bremer Familie. Das können wir uns gegenüber unseren bürgerlichen Wählern nicht leisten!" Er wurde dann ja doch Gründungskanzler der Universität.

» *Carsten Jäger: Der Landesvorstand und der Fraktionsvorstand wollten den späteren Partei- und Fraktionsvorsitzenden Horst-Jürgen Lahmann zum Gründungskanzler machen und lehnten Maaß deshalb ab. Sie warfen dem Fraktionsvorsitzenden Harry John damals vor, zu einer Überspitzung der Situation geführt zu haben und äußerten das öffentlich: „Das war eine glatte Fehlzündung. Sowohl die Formulierung als auch die Eile, mit der dieser Beschluß verkündet wurde, waren falsch. Wir müssen von dieser Erklärung herunter"[123], sagten Sie.*

Horst-Jürgen Lahmann ist dann ja später unser Fraktionsvorsitzender geworden und ich habe die Zusammenarbeit mit ihm – bei allen gelegentlichen Meinungsverschiedenheiten – sehr geschätzt. Aber in der Situation gab es keinen vernünftigen Grund, Hans-Heinrich Maaß abzulehnen.

» *Carsten Jäger: 1977 wurde das Landesamt für Vertriebene umbenannt, es war fortan nur noch für Zuwanderer und Aussiedler zuständig. Das Wort Vertriebene wurde gestrichen. Auch da gab es eine leidenschaftliche Debatte in der Bremischen Bürgerschaft. Sie haben die Umbenennung abgelehnt und gemeinsam mit der CDU dafür geworben, ein „Landesamt für Vertriebene, Flüchtlinge, Aussiedler und Zuwanderer" zu schaffen. Sie verwahrten sich gegen Vorwürfe, damit revanchistische Politik zu betreiben. Das Faktum der Vertreibung könne man nicht durch Streichung des Begriffes verwischen, äußerten Sie sinngemäß.[124]*

Nun waren meine Eltern ja auch Vertriebene. Ich fühlte mich als junger Mann nicht unbedingt als Vertriebener. Aber da wollte man aus vorgeschobener Rücksicht auf die osteuropäischen Nachbarländer die Vertreibung aus unserer Geschichte tilgen. Und das sah ich nicht ein. Als ob wir die deutschen Verbrechen während des Nationalsozialismus und des Zweiten Weltkrieges sühnen könnten, indem wir die Vertreibung der Deutschen ignorieren. Aus ähnlichen Motiven sprachen dann ja manche nur noch von Gdańsk, nicht mehr von Danzig – auch Hans Koschnik, den ich dafür in einer Bürgerschaftsdebatte kritisierte. Aber keiner sprach von Warszawa statt von Warschau. Das ist Geschichtspolitik über Worte und Namen, die mich nie überzeugt hat.

» *Carsten Jäger: Sie haben sich auch immer wieder zu Fragen geäußert, die nichts mit Bildungspolitik zu tun hatten. In den Siebzigerjahren ging es auch um Umwelt- und Landschaftsschutz. Oder um Baukultur. Sie haben sich für den Erhalt und Schutz der Hammeniederung eingesetzt.*

Ich verteidigte ein Gutachten meines Schwagers Wilhelm Meier[125], das verdeutlichte, wie sich das Klima durch den Bau eines Autobahn-Dammes durch die Hammeniederung und die Bremer Schweiz ändern würde. Deshalb habe ich mich heftig dafür eingesetzt: „Keine Autobahn!"

» *Carsten Jäger: Ging es um die Autobahn nach Bremerhaven oder um die Küstenautobahn?*

Die Autobahn nach Bremerhaven. Die Küstenautobahn war damals noch sehr theoretisch. Für die war ich allerdings durchaus, mit Bedenken, dass wir damit Rotterdam nutzten.

» *Carsten Jäger: Die geplante Lesumquerung haben Sie auch immer abgelehnt, oder?*

Das war das ein Plan, den der damalige Lesumer Ortsamtsleiter Kück[126] unterstützte. Das Werderland wäre komplett zerschnitten worden. Das haben wir abgelehnt und mit verhindert.

» *Carsten Jäger: Erinnern Sie sich an Ihre Mitarbeit im Sachpreisgremium für die Neugestaltung des Bremer Teerhofes?*

Da waren wir eigentlich für eine Planung der Bremer Architekten Klumpp[127] und Goldapp[128], die einen bremischen Baustil dort wollten. Die hatten den ersten Preis bekommen – ähnlich hat es dann viel später unter anderen auch Harm Haslob[129] auf dem Teerhof umgesetzt. Das Verfahren wurde dann aber vom Senat 1980 ignoriert. Vor allem auf Druck des Senatsdirektors Kulenkampff[130], der einen der beiden zweitplatzierten Entwürfe von dänischen Architekten umsetzen wollte. Die wollten unter anderem große Flachbauten. Das, was wir unter sehr viel Zuspruch und Leitung von Frau Mevissen[131] im Ausschuss und mit Bürgerbeteiligung als gut und richtig beschlossen hatten, wurde von der Baubehörde nicht gebaut.[132]

» *Carsten Jäger: Sie waren auch Gründungs- und Vorstandsmitglied der Gesellschaft zur Förderung der Theater in Bremen.[133]*

Ja, ich hatte mich ja sehr um das progressive Theater unter Kurt Hübner[134] bemüht. Deshalb war ich immer da und habe Hübner verteidigt, als er vom damaligen Kultursenator Moritz Thape behindert wurde. Wir haben auf dem Sedanplatz in Vegesack gerufen: „Hübner muss bleiben!" Wir haben versucht, gemeinsam mit einem jungen Regisseur des Bremer Theaters zumindest die Leute in Bremen-Nord für das Bleiben von Kurt Hübner zu gewinnen.

>> *Carsten Jäger: Das war eine Demonstration, die Sie organisiert hatten?*

Demonstration klingt zu groß. Es war eine Aktion, zu der ich mit aufgerufen hatte. Und die FDP.

9. Franz Gauker, Kurt Hübner, Georg v. Groeling-Müller

» Haben Sie Hübner gelegentlich persönlich getroffen?

Einmal waren wir in einem Theaterstück in der Böttcherstraße, im späteren Atlantis-Kino. Und in dieser Aufführung saß auch Hübner.[135] Und mitten in der Aufführung kritisierte er die Art. Sehr drastisch schlug er vor, das anders aufzuführen. Ich erinnere mich nicht an den Titel des Stücks. Ich weiß nur, dass wir hinterher bis morgens um 3.00 Uhr vor dem Atlantis standen und diskutierten über Theater und Theateraufführungen. Und seitdem kannte ich Hübner gut – auch über meinen alten Freund Franz Gauker[136], der Hübner-Fotos sammelte. Ich habe ihn unterstützt. Er hatte in seinem Haus Fotos von Aufführungen aller Theaterstücke Hübners. Und da hat er mir 1987 geholfen, eine Ausstellung von Bildern aus der Hübner-Zeit zu machen auf der HAFA-Messe in der Bremer Stadthalle. Dazu steuerte Franz Gauker die Bilder bei und half auch bei der Erstellung der Tafeln. Und zur Eröffnung dieser Ausstellung hatten wir Hübner eingeladen, und der erschien auch. Er war damals schon nicht mehr in Bremen. Er hielt eine kurze Rede. Davon gibt es Aufnahmen und einen Artikel.[137] Unterstützt hat uns dabei Hermann Krauß.

» Carsten Jäger: Also der Hübner hat die Aufführung im Atlantis lautstark kritisiert, wahrscheinlich, weil sie ihm zu konventionell war.

Ja, aber ich erinnere Einzelheiten leider nicht. Wahrscheinlich, weil sie ihm zu konventionell war.

» Carsten Jäger: Sie haben ihn ansonsten in seinem progressiven Stil verteidigt, aber nach der Aufführung mit ihm diskutiert. Waren Sie sich weitgehend einig?

Ja, ich fand, dass er recht hatte. Und ich fand seine Argumente interessant und richtig. Und der Kontakt mit Hübner ging weiter. Er war mehrmals bei Gauker, der Bilder seiner Aufführungen weiter sammelte. In seinem Haus in der Schmidtstraße im Viertel trafen wir uns, in einem der schmalen Reihenhäuser. Und als der Hübner dann wieder im Theater gefragt wurde, hatte ich einen Besuch in der Berliner Freien Volksbühne organisiert, die Hübner zu der Zeit hatte.[138] Da ist die Fraktion nach Berlin gefahren aus irgendeinem Grunde. Und ich hatte einen Theaterbesuch organisiert. Hübner spendierte die Eintrittskarten. Da saßen wir hinterher bei einem Glas Wein, die Fraktion und Hübner, und sprachen über Theater und den Verlust, den Bremen erlitten hatte, als er gekündigt wurde. 70.000 DM war sein Salär. 70.000! Das habe ich mehrmals mit dem Geld von Fußballern verglichen in Diskussionen in der Bremischen Bürgerschaft.

» *Claus Jäger: Ja, ich erinnere mich. Wir saßen lange mit Hübner zusammen in einem Lokal in Kudamm-Nähe.*

» *Carsten Jäger: Sie haben sich auch für das Deutsche Tanzfilm-Institut engagiert. Wie kam das zustande?*

Ich werde auch immer noch eingeladen. Mit der Leiterin Heide-Marie Härtel sind wir eng befreundet. Ich wurde als Bürgerschaftsabgeordneter angesprochen von den Damen. Ich weiß nicht mehr, wann ich die kennengelernt habe. Ich habe bei der Gründung und beim Aufbau geholfen. Heidi Härtel hat eine einzigartige Sammlung zusammengetragen. Ich war sogar eine Zeitlang Vorsitzender des Vereins. Eigentlich bin ich heute noch stellvertretender Vorsitzender. Bremen hat da einen richtigen Schatz.[139]

» *Carsten Jäger: In den Sechzigerjahren waren Sie auch eine Zeitlang Schöffe.*

Ja, als Beamter konnte ich mich dem nicht entziehen. Ich war bis 1965 Schöffe für Strafsachen beim Landgericht. Ich habe das aber gern gemacht. Man bekam Einblicke in alle Bereiche der Gesellschaft. Ich erinnere mich an eine Verhandlung gegen eine Bordellbetreiberin. Sie war in ihren Antworten so schlagfertig und lustig, dass wir uns auf der Richterbank vor Lachen die Hände vors Gesicht halten mussten. Bis der Staatsanwalt wütend hochfuhr, wir sollten ernst bleiben (lacht).

» *Claus Jäger: Dann warst Du von 1979 bis 1983 nicht mehr in der Fraktion, hast dann aber doch noch als Nachrücker die Gelegenheit gehabt. Kannst Du Dich erinnern, wie das gekommen ist?*

Ja, weil der Professor Karl Holl ausschied in Unzufriedenheit mit dem Beenden der sozial-liberalen Koalition im Bund.

» *Carsten Jäger: Mit der „Wende“.*

Mit der Wende. Ich habe versucht, die damals zur SPD gehenden FDP-Mitglieder zu halten. Zum Beispiel die spätere Bankdirektorin...

» *Carsten Jäger: Frau Matthäus-Maier[140].*

Die Matthäus-Maier! An mehr kann ich mich nicht erinnern, aber an die Bemühungen. Und an den Parteitag, auf dem einige Mitglieder hin und her schwankten, wie auch mein Vetter aus Hamburg, der einen Austritt überlegte und dann für eine Zeit noch bei der FDP blieb, dann doch austrat. Er war befreundet mit diesem einarmigen Hamburger FDP-Senator...

》 *Claus Jäger: Rolf Bialas[141].*

Bialas! Ihn hatte ich in seiner Amtszeit nach Bremen eingeladen. Mit Polizeieskorte, irgendwo in der Neustadt hat er seinen Vortrag gehalten.

》 *Claus Jäger: Hintergrund war ja das Ende der sozial-liberalen Koalition 1982. Nach dem Lambsdorff-Papier[142] und der Entfremdung, die ja im Wesentlichen darauf zurückzuführen war, dass Helmut Schmidt in seiner eigenen Partei nur noch ein Fähnlein von ein paar Aufrechten hinter sich hatte, bei dem Nato-Doppelbeschluss. Und weil grundlegende Meinungsverschiedenheiten über den Haushalt bestanden. Ich habe noch eine sehr intensive Erinnerung daran. Es gab ja damals in der FDP viele Leute, die zwar in der Sache überzeugt waren, die sozial-liberale Koalition ist inhaltlich am Ende. Das wurde deutlich in verschiedenen Positionen. Aber wenn wir die schon beenden – in dem Widerstreit 1979 zwischen Strauß und Schmidt hatte Genscher ja durch seine vermittelnde Rolle ein sehr überzeugendes Ergebnis erzielt – wenn wir also diese Koalition beenden, dann muss das durch einen ordnungsgemäßen Beschluss geschehen, und nicht so, wie das passiert ist. Da gab es dann ja die Forderung mehrerer Landesverbände nach einem Sonder-Bundesparteitag. Das hatte Hamburg gefordert, das hatte Schleswig-Holstein gefordert, ich glaube, Berlin hat es auch gefordert. Man brauchte, um einen Sonderparteitag durchzuführen, vier Landesverbände. Und Bremen war der vierte Landesverband, bei dem das diskutiert wurde. Kannst Du Dich an die Veranstaltung erinnern, die wir im Haus der Bürgerschaft hatten? Landesparteiausschuss –*

Genscher hatte Fritz Flizsar[143] entsandt, der dann in einer Weise auftrat, die auch den letzten Zweifler dazu brachte, sich der Forderung anzuschließen nach einem Sonder-Bundesparteitag. Um die Brücke zu schlagen zu Deinem Nachrücken, Karl Holl war deshalb mit der Bremer FDP völlig im Reinen. Das hat er ausdrücklich gesagt. Aber wegen der Entscheidung auf Bundesebene, auszusteigen, war er unzufrieden und hat sein Mandat niedergelegt und Du bist nachgerückt.

Ich war zwar mit Karl Holl seit seiner Vorsitz-Zeit als Jungdemokrat befreundet, aber sein Entschluss ist mir im Moment in dem Ablauf nicht so deutlich geworden.

» *Carsten Jäger: Welche Persönlichkeit in Bremen hat Sie politisch am meisten beeindruckt?*

Schorse Borttscheller! Und mir hat immer sehr imponiert der alte Bürgermeister Wilhelm Kaisen, den ich mehrmals gehört habe. Das letzte Mal bei seinem Vortrag in Bremerhaven, da war er schon...

» *Claus Jäger: ...da war ich auch. Da habe ich ihn erstmals gehört. Das war die 150 Jahrfeier der Stadtgründung Bremerhavens 1977.*

Ja. Da hat er eineinviertel Stunden ohne Manuskript vorgetragen.

» *Carsten Jäger: Hatten Sie auch eine persönliche Begegnung mit ihm?*

Nein.

» *Claus Jäger: Hast Du eigentlich noch Theodor Spitta[144] kennengelernt?*

Nein. Ich müsste ihn erlebt haben, aber ich habe das nicht mehr vor Augen. Ich habe ihn gesehen bei Veranstaltungen. Ich erinnere nur noch die Bedenken, die gegen Speckmann aufkamen, ihn als Senator zu nominieren. Da gab es keine klaren Äußerungen. Keiner sagte „der war doch bei der SS". Die Altsenatoren jonglierten drumherum.

» *Carsten Jäger: Nochmal zurück: Was hat Ihnen an Borttscheller und Kaisen imponiert?*

Die deutliche Art aufzutreten. Wilhelm Kaisen war der erste Sozialdemokrat, der fair war, bürgerlich in meinem Sinne.

» *Carsten Jäger: In den Umgangsformen?*

Ja. Meine Eltern haben, ich wahrscheinlich auch, bei der ersten Wahl in Bremen, an der wir beteiligt waren, SPD gewählt.

» *Carsten Jäger: Wegen Kaisen?*

Ja.

» *Carsten Jäger: Das ist interessant.*

Und dann habe ich bei der nächsten Wahl RSF gewählt.

» *Carsten Jäger: Und auf Bundesebene und in der FDP, welche Persönlichkeiten haben Ihnen imponiert?*

Natürlich der Thomas Dehler.

» *Carsten Jäger: Was war an dem imponierend?*

Seine Schärfe der Reden. Und seine Argumente.

» *Claus Jäger: Kannst Du Dich erinnern, dass Thomas Dehler in der Strandlust in Vegesack aufgetreten ist und über seine Gespräche berichtet hat, die er damals in Russland führte? Das war zu meiner Zeit am Gerhard-Rohlfs-Gymnasium.*[145]

Daran kann ich mich nicht mehr erinnern. Meine erste Erinnerung war an unseren Bundespräsidenten.

» *Carsten Jäger: Heuss?*

Den habe ich erlebt, der hat mir auch sehr imponiert. Im Rathaus in Bremen. Ich war bei einem der ersten FDP-Parteitage.[146] Noch überhaupt nicht deren Mitglied. Ich bin einfach hingegangen, weil mich das interessierte. Da wurde gestritten. Als das Deutschlandlied angestimmt wurde, bin ich sitzen geblieben. Es hat mich auch keiner hochgerissen (lacht).

» *Carsten Jäger: Warum sind Sie sitzen geblieben?*

Ich war der Meinung, wir müssten neu anfangen und nicht wieder die alten Dinge machen, die National-Tüten.

» *Claus Jäger: Das ist ja erstaunlich. Du warst also als junger Siebzehnjähriger noch kurz vor Kriegsende bereit, für den Führer Deutschland zu verteidigen...*

... zu sterben!

» *Claus Jäger: ...und ein paar Jahre später warst Du so entfernt, dass Du die Nationalhymne nicht mitsingen wolltest.*

Das war die Enttäuschung. Das war die Erkenntnis, dass man überredet wurde zu Dingen ohne sie zu hinterfragen. Das hat mich am meisten geärgert. „Warum habe ich eigentlich nicht hinterfragt?"

» *Carsten Jäger: Also haderten Sie auch mit sich selber?*

Ja, hinterher.

» *Carsten Jäger: Sie haben als Siebzehnjähriger Ihre Heimat für immer verlassen. Erinnern Sie sich an den letzten Tag auf dem Gut?*

Da streite ich mit dem Militärarchiv. Nach meiner Erinnerung hatte ich noch im Dezember 1944 einen Einberufungsbefehl, so dass ich über Berlin nach Brandenburg fuhr. Die haben meinen Einsatz aber erst ab 1.1.1945 gerechnet. Ich schätze, dass ich 1945 überhaupt nicht mehr in Karolinenhof war und meine letzten Tage dort Ende Dezember 1944 verbrachte.

» *Carsten Jäger: Für viele Vertriebene war nach dem Krieg der Heimatverlust und das Heimweh ein großes Thema. Für Sie auch, oder haben Sie das pragmatisch abgehakt?*

Es war deshalb so pragmatisch, weil wir alle drei Geschwister schon in der Schulzeit in anderen Städten waren. Meine Schwester ging nach Elbing und dann nach Westpreußen. Mein Bruder und ich nach Mohrungen ins Schülerheim.

» *Carsten Jäger: Wo verorten Sie Ihre Heimat? Ist das ein Begriff, mit dem Sie etwas anfangen können?*

Sicher war Karolinenhof unser Zuhause. Erst bei den späteren Besuchen – das erste Mal 1959 – da tauchten die Erinnerungen wieder auf und das Heimatgefühl schwappte hoch.

» *Carsten Jäger: 1959 schon waren Sie wieder dort? Also in der Tauwetter-Periode, die Chruschtschow nach Stalins Tod 1953 eingeläutet hatte.*

Ja, zur Zeit des polnischen Parteichefs Gomulka[147]. Der lockerte die Bestimmungen auf, so dass man wieder hinfahren konnte.

» *Claus Jäger: Wie hast Du die Debatte über die Ostpolitik verfolgt? Warst Du auf der Seite von Scheel und Brandt und für die Öffnung?*

Ich war voll für die Öffnung und auf Seite von Scheel und Brandt.

» *Carsten Jäger: Waren Sie Mitglied der ostpreußischen Vertriebenenorganisation?*

Zu der Zeit nicht. Mich hatte die zum Teil nationalistische Art gestört. Aber ich war auf den ersten Treffen der Ostpreußen in Bonn. Das war zur Adenauer-Zeit 1951. Linus Kather[148], ein Königsberger, hielt im typisch ostpreußischen Dialekt eine Rede und forderte unter anderem einen fairen Lastenausgleich. Um Revanchismus ging es da nicht. Die Menschen standen auf dem Marktplatz und weit in die Straßen hinein. Ich schätze, da waren 50.000 Menschen, vor allem Flüchtlinge und Vertriebene.[149]

>> *Carsten Jäger: Und das, was dort gesagt wurde, konnten Sie nicht unterstützen?*

Das konnte ich unterstützen. Da ging es um eine ordentliche Behandlung. Da war von Rückeroberung nicht die Rede. Die Ostpreußen haben sich schwer getan, aber die Verantwortlichen haben vernünftig gehandelt. Aber ich habe mich zu der Zeit nicht so sehr um Flüchtlingspolitik gekümmert.

>> *Carsten Jäger: Anfang der Achtzigerjahre, als es um das Lambsdorff-Papier und das Ende der sozial-liberalen Koalition ging, hatten Sie da einen klaren Standpunkt? Fanden Sie es richtig, die Koalition zu verlassen? Wobei ja eigentlich die SPD Kanzler Schmidt die Unterstützung versagte. Fanden Sie den Farbwechsel richtig?*

Ich fand das richtig. Ich habe erst gezweifelt: „Musste das geschehen?" Aber, dass das Lambsdorff-Papier der Anlass gewesen sei, ist ja erst hinterher deutlich gesagt worden. Ich hielt die Kündigung zunächst nicht für richtig. Aber als sich das dann sammelte, habe ich es für richtig gehalten. Meine Bewertung wechselte also von „nicht richtig" auf „richtig".

>> *Claus Jäger: Hast Du Dich jemals in der Einteilung wirtschafts-liberal, bürgerrechts-liberal wiederfinden können? Wie stehst Du zu einem Bindestrich-Liberalismus?*

Das hat mich nie so berührt. Diese Trennung ist erst sehr viel später deutlich geworden. Für mich war schwierig, dass die Bildungsliberalen um Hamm-Brücher und vorher von der wirtschaftlichen Seite mit ihren Forderungen abgebügelt wurden. Ich erinnere mich, dass wir auf manchem Parteitag mit Anträgen zur Bildungspolitik etwas zurückgedrängt wurden. Wir sind nicht durchgekommen. Ich erinnere mich an triumphierende Äußerungen von Heinrich Kramer[150] aus Bremerhaven, dem Vater von Ingo Kramer[151], der sinngemäß sagte: „Ihr kommt mit Eurem Salat doch nicht durch" (lacht). Er hat das sicher drastischer, aber vornehmer ausgedrückt. Ich konnte mit Heinrich immer gut umgehen.

» *Carsten Jäger: Wenn Sie sich einem Flügel oder einer besonderen Betonung von Liberalität zuordnen müssten, könnten Sie das? Und wenn ja, welchem?*

Ich war Anhänger der sozial-liberalen Koalition unter Willy Brandt und Helmut Schmidt und habe das Ende damals bedauert, auch wenn es in der Sache richtig war. Damals hätte ich mich als Sozial-Liberalen bezeichnet. Heute bin ich konservativer und, wenn man es so nennen will, als studierter Ökonom wirtschaftsliberal. Sicher auch durch den Einfluss meines Bruders. Wir werden alle vor uns stehenden Herausforderungen langfristig nur mit marktwirtschaftlichen Lösungen meistern können. Vor dem Verteilen kommt das Erwirtschaften.

» *Carsten Jäger: Sie hatten immer mal wieder liberale Prominenz bei sich zu Hause. Können Sie sich an besondere Abende erinnern.*

Nach der Wiedervereinigung war der frisch ernannte Bundesbildungsminister Rainer Ortleb[152] bei uns, zusammen mit dem Berliner Bundestagsabgeordneten Wolfgang Lüder[153] und dem Staatsminister Helmut Schäfer[154]. Es war eine besondere Atmosphäre – hohe Politik zum Anfassen. Die Menschen saßen eng auf Stühlen. Lüder und Schäfer diskutierten im Esszimmer, Ortleb im Wohnzimmer in der Mitte. Ich war mit seinen Antworten durchaus zufrieden. Wir hatten sämtliche Rektoren und Bildungspolitiker aus der Umgebung eingeladen. Es war eine sehr positive und konstruktive Diskussion. Ortleb war ein gescheiter Mann ...

» *Carsten Jäger: ...der dann ja aber leider gescheitert ist.*

Das schrieb man aber ja auch seinem Staatssekretär zu, der ihn nicht voll informierte. Ein typischer Westdeutscher und ein Ostdeutscher – das gab schon Schwierigkeiten. Der Staatssekretär gründete dann ja unsere freie Universität in Bremen-Nord ...

» *Claus Jäger: ... Fritz Schaumann[155].*

Der war nicht immer fair. Ich hatte gute Kontakte ins Bildungsministerium. Man ließ den Ortleb hängen.

10. Georg v. Groeling-Müller (3.v.l.) mit FDP-Kandidaten für die Bremer Bürgerschafts- und Beiratswahlen 1995 auf dem Lesumer Marktplatz

» *Claus Jäger: 1991 war ein engagierter Wahlkampf. Wir haben dann bei der Bürgerschaftswahl ja auch erneut zehn Prozent der Mandate erzielt. Hildegard Hamm-Brücher war doch auch bei Euch zu Gast.*

Sogar mehrmals. Als ein Parteitag in Bremen war, bin ich mit ihr hier in Lesum auch zu einer Schule gefahren. Ich habe sie immer bewundert für ihre klaren Worte.

» *Claus Jäger: Georg, Du hast Dich ja nach der Grenzöffnung auch für die Liberalen in der Noch-DDR engagiert. Wir haben ja als Bremer FDP sofort Kontakt zu den Liberalen in unserer Partnerstadt Rostock aufgenommen.*

Ja, nach meiner Pensionierung hatte ich Zeit, mich der politischen Arbeit für die Liberalen in der frei gewordenen DDR zu widmen. Die Organisationsleitung der FDP teilte mich für Mecklenburg-Vorpommern und das nördliche Brandenburg ein. Das waren eindrückliche und sehr befriedigende Reisen. Wir fuhren immer wieder hin und brachten Material, Flugblätter, halfen bei der Organisation von Veranstaltungen, hielten Vorträge und versuchten, das Selbstbewusstsein der LDPD als eigene Partei zu stärken. Leider verließen nach der Wiedervereinigung viele wichtige Mitglieder die Partei und die Politik.

» *Carsten Jäger: Jetzt machen wir mal einen großen Sprung: Wie erleben Sie heute die Debatte über Freiheit oder die Rolle der FDP?*

Der Haken an der Geschichte ist: Die Debatte wird vermittelt über Persönlichkeiten. Mir imponierte damals schon, und den mochte ich auch, Guido Westerwelle.[156] Auch wenn ich mit ihm gelegentlich bei Kleinigkeiten aneinandergeriet, bei meinen Besuchen in

Berlin. So beeindruckt mich heute Christian Lindner, der aus der FDP wieder etwas gemacht hat. Es ist mein Verein! Freiheit – er strebt sie an und hat sie im Munde. Claus, Du hältst ihn ja für noch fundierter als Westerwelle. Aber ich bin da pragmatischer und nicht so festgelegt auf geistige Tiefe.

» *Claus Jäger: Die FDP hat beiden – Guido Westerwelle und Christian Lindner – sehr viel zu verdanken. Der Unterschied in unserer Beurteilung Westerwelles liegt vielleicht darin: Ich hatte gelegentlich bei Westerwelle den Eindruck, dass er Positionen vertritt ohne sicher zu sein, ob er wirklich dahintersteht. Das schien mir manchmal etwas aufgesetzt zu sein, trotz seiner rhetorischen Stärke. Christian Lindner baut seine Positionen reflektierter auf. Westerwelle hat ganz stark vom Effekt gelebt, Lindner untermauert es geistig.*

Ja, er vermittelt den Eindruck, dass er mehr reflektiert und mehr Dinge einbezieht. Auf erstaunliche Weise für junge Leute.

» *Carsten Jäger: Es gab einmal eine Phase unter Guido Westerwelle, da hieß es, die FDP könne eine Volkspartei werden, mit Kanzlerkandidatur und Projekt 18. Halten Sie es grundsätzlich für möglich, dass die Liberalen wesentlich stärker werden, oder glauben Sie, dass wirklich gelebter Liberalismus immer nur für eine Minderheit attraktiv ist – Selbstverantwortung und alles, was damit zusammenhängt?*

Liberale machen Politik nicht aus einem Bauchgefühl. „Umwelt muss geschützt werden!" – das unterschreibt jeder. Aber wie? Wir bleiben die Gruppe, die versucht, auch an übermorgen zu denken.

» *Carsten Jäger: Weil wir mehr auf Vernunft und Verstand als auf Herz und Bauch setzen?*

111

Ja.

» *Carsten Jäger: Und finden Sie das richtig?*

Manchmal wünschte ich mir, dass man auch mal mit Bauchgefühl wirtschaften könnte, um Wähler zu gewinnen. Aber das ist alles Kappes! Gut gemeint heißt nicht gut gemacht. Wer nicht auch beim Umweltschutz darüber nachdenkt, was übermorgen geschieht, kann keine überzeugenden Antworten geben.

11. Wahlkampf mit dem Familienauto

» *Carsten Jäger: Als erste grüne Partei hatte sich 1979 in Bremen die Bremer Grüne Liste gebildet (BGL), die dann mit vier Mandaten in die Bürgerschaft einzog – darunter Axel Adamietz und Olaf Dinné.[157] Ziel der BGL war es auch, die FDP unter die Fünfprozenthürde zu bringen. Das gelang nicht. Sie haben die Grünen dafür kritisiert, zugleich der FDP aber empfohlen „die Grünen als Bundesgenossen im Kampf um die Erhaltung und Verbesserung unserer Umwelt zu begrüßen." Würden Sie das heute auch noch ähnlich empfehlen?*

» *Claus Jäger: Übrigens unterscheidet uns das nicht nur von den Grünen. Ich kann mich nicht erinnern, dass es jemals Ziel der FDP war, einen – mit Betonung – demokratischen Mitbewerber aus dem Parlament zu drängen. Die Häme von einigen Grünen nach unserem Ausscheiden aus dem Bundestag 2013 sprach nicht für deren Toleranz und politischen Stil.*

Meine Argumentation damals war inhaltlich und strategisch begründet. Umweltschutz war und ist ein liberales Anliegen. Hans-Dietrich Genscher war der erste Umweltminister in Deutschland.[158] Sein Abteilungsleiter Peter Menke-Glückert[159] hat ein umfassendes liberales Umweltschutzkonzept erarbeitet. Wir haben für die Erhaltung des Teufelsmoors und gegen die Autobahntrasse durch Bremen gekämpft. Claus, wir haben gemeinsam erfolgreich für den Schutz des Werderlandes gestritten. Da brauchten wir von Grünen keine Nachhilfe. Zugleich bin auch aus strategischen Gründen immer dafür gewesen, dem politischen Mitbewerber argumentativ und souverän gegenüberzutreten. Ignorieren bringt gar nichts. Das empfehle ich uns auch im Umgang mit der AfD: Souveränität und argumentatives Selbstbewusstsein. Ich kann nicht beurteilen, ob die bisherigen Kandidaten der AfD für das Amt des Bundestagsvizepräsidenten persönlich geeignet oder integer waren. Aber sie grundsätzlich abzulehnen, weil sie einer unliebsamen Fraktion angehören, hielte ich für falsch und unsouverän. Ich habe früher auch die NPD, die ja in den Sechzigerjahren in der Bremischen

Bürgerschaft vertreten war, in der Sache heftig attackiert, aber mich vernünftigen Vorschlägen und Diskussionen nicht grundsätzlich verschlossen.

» *Carsten Jäger: 2017 gab es nach der Bundestagswahl Verhandlungen zur Bildung einer Jamaika-Koalition, die dann – zumindest für die Öffentlichkeit – abrupt beendet wurden durch die FDP. Hielten Sie das damals für richtig?*

Ich war im ersten Moment auch enttäuscht, aber ich hielt es für richtig, da es von allen Beteiligten getragen wurde. Nachträglich kamen mir Bedenken und ich hielt es nicht mehr für richtig. Ich habe mich manches Mal gefragt, wie Christian Lindner nachts davon träumt, was er alles damit versäumt hat. Das Hochschießen der Grünen wäre wohl nicht passiert, wenn die damals mit in der Regierung gesessen hätten.

» *Claus Jäger: Ich halte es nach wie vor für eine konsequente und nachvollziehbare Entscheidung. Zwischen Merkel und den Grünen bestand in nahezu allen für uns relevanten Fragen eine hohe Übereinstimmung. Wir wären in einer solchen Koalition – ähnlich wie wir in Bremen in der Spätphase der Ampel-Koalition – ständig in der Situation zwei gegen eins gewesen. Dreierbündnisse können nur funktionieren, wenn der größere Partner nicht eine einseitige Präferenz hat.*

» *Carsten Jäger: Welche strategische Ausrichtung empfehlen Sie der FDP für die absehbare Zukunft, also für die nächste Bundestagswahl? Konkret gefragt: Lieber pointiert dagegenhalten oder sich ums Brückenbauen und um den Ausgleich mit den Grünen und den Progressiven in der Union bemühen?*

Eher Letzteres. Das gilt auch für unsere Kritik an den Corona-Maßnahmen. Man kann nicht, nur um Opposition zu machen, einen vernünftigen Kurs ablehnen.

» *Carsten Jäger: Seit Monaten beschäftigt uns ja alle der Kampf gegen die Corona-Pandemie. Damit ist auch der alte Konflikt zwischen Sicherheit und Freiheit wiederaufgelebt. Können Sie verstehen, dass Menschen die einschränkenden Maßnahmen, die epidemiologisch gerechtfertigt sein mögen, aus übergeordneten Gründen ablehnen? Wie halten Sie es selbst damit? Sehen Sie eine Gefahr für die liberale Demokratie?*

Ich sehe keine Gefahr für die liberale Demokratie, wenn man sich an die Bestimmungen hält. Dass man sich unter diesen Umständen an Freiheitskonstruktionen hochzieht, wie Baum[160] das gemacht hat, verstehe ich nicht.

» *Carsten Jäger: War die Diskussionskultur nach dem Krieg anders? Da gab es ja wirklich noch Grundsatzentscheidungen: Westbindung, Dritter Weg, Sozialismus. Da war es ja eigentlich viel polarisierter als heute. Aber hatten Sie den Eindruck, dass das gesellschaftliche Klima auch so verhärtet war wie heute? Man kann ja kaum noch diskutieren.*

Viel einfacher!

» *Carsten Jäger: Einfacher?*

Damals war die Diskussion rot oder bürgerlich. Und das war einfacher. Heute ist das viel komplizierter. Man kann ja gar nicht mehr sagen „rot". Es ist die sozialdemokratische Färbung der

Politik. Auch der CDU, beide sind ideologisch. Und wir hängen dazwischen.

» *Carsten Jäger: Aber war die Diskussionskultur besser damals? Hat man das Argument gehört und den anderen geachtet?*

Nein. Es kommt darauf an. Ich bin in den Vierzigerjahren bei einer SPD-Veranstaltung gewesen in der Strandlust, mit Senator Wolters[161], und versuchte Bedenken wegen der Geldpolitik anzubringen. Damals war ich bei der RSF. Ich bin da nicht gut behandelt worden, wie man so sagt. Sie haben nicht nur „Buh" gerufen. Sie wollten auf Argumente nicht eingehen. Ich war zusammen mit meinem Vetter Horst Hasselbach[162] da. Der konnte das noch besser darstellen. Ich wollte noch eins draufsetzen. Das war nicht toll. Und ein anderes Mal wurde ich mit Schlägen daran gehindert, die Strandlust zu betreten. Das war auch eine SPD-Veranstaltung. Ich weiß nicht mehr, mit wem.

» *Carsten Jäger: Also hat sich gar nicht viel geändert?*

Das schwankte. Später war die Möglichkeit der Diskussion ganz vernünftig. Da konnte man diskutieren. Aber ich habe mich ja sehr stark im Lokalpolitischen engagiert. Über lokale Dinge konnte ich immer auch mit den KPD-Leuten gut diskutieren. Aber da gab es auch die Ideologen. Zum Beispiel den Ortsamtsleiter a.D. Steil[163]: „Wir werden eine Gesamtschule machen! Und wenn wir sie dazu zwingen!" Im Gerhard-Rohlfs-Gymnasium bei irgendeiner Veranstaltung. Ich weiß nicht mehr, was ich darauf geantwortet habe.

» *Claus Jäger: Ob es Volksparteien zukünftig noch geben wird, ist ja ohnehin die Frage. Ich kann mir das von den Liberalen nicht vorstellen. Ich wünsche uns das auch nicht. Wenn Du siehst, was die Grünen mit der Welle der Unterstützung, die auf einem nicht ausreichend reflektierten Thema beruht, machen, wenn sie tatsächlich entscheiden müssen. Das ist ja für die das größte Problem. Da kann ich uns nur wünschen, dass wir die Richtung „Vernunft und Argumentation vor Gefühl und Emotion" beibehalten. Wo Du auch hinguckst: Politik, die stark vom Gefühl beeinflusst ist – ob in den USA, ob bei den Engländern, ob bei den Türken unter Erdogan oder bei den Russen, indem Putin in die nationalistische Posaune bläst – das führt zu sehr, sehr schwerwiegenden Folgen. Es muss eine Partei geben, für die Vernunft und Ratio obenan stehen.*

» *Carsten Jäger: „Vorfahrt für Vernunft!"[164]*

Ja, richtig. Vernunft vor Gefühl, aber mitfühlend vermittelt, das ist mein Rat.

» *Carsten Jäger: Sie haben ja sogar einmal in einer Kirche gepredigt.*

Ja, das war 1973 in der Christophorus-Gemeinde in Aumund. Der damalige Pastor Dr. Beyer hatte mich zum Auftakt eines neuen Konfirmandenjahrgangs um eine Sonntagspredigt gebeten. Das Thema erinnere ich nicht mehr, aber den Rat meiner Vize-Mutter: „Bau nahe am Wasser und weit von Verwandten" (lacht). Sie war sehr engagiert in der Kirche, hat selbst Orgel gespielt, vor allem in der Kirche in Alt-Aumund. Zum Zorn einiger Gemeindemitglieder las ich eine Bibelstelle erst in lutherscher Form, dann in moderner katholischer Übersetzung, weil ich keine moderne protestantische hatte. Das kam bei einigen Kirchenbesuchern nicht gut an. Ökomene wurde damals noch nicht so großgeschrieben.

Die Predigt hat mir Freude gemacht, aber Pastor als Beruf wäre dann doch nichts für mich gewesen.

» *Carsten Jäger: Ihr Markenzeichen war die Fliege. Die trugen sonst oft Ärzte oder Architekten, damit der Schlips nicht stört, wenn man sich über Patienten oder Entwürfe lehnt. Wie kam es bei Ihnen dazu?*

Ich bin auf Fliege umgestiegen, nachdem ich meine Frau kennengelernt hatte. Die mochte Schlipse nicht so gerne. Nur noch bei Beerdigungen trage ich Schlips, weil eine schwarze Fliege eher nach Oberkellner aussieht. Leider kann ich die Fliegen heute nicht mehr selber binden, ich kriege den Knoten nicht mehr hin (lacht).

» *Carsten Jäger: Was können Sie jungen Menschen auf den Weg geben, die sich politisch engagieren wollen?*

Geduld! Politik braucht Zeit und Ausdauer. Man darf nicht erwarten, dass die eigenen Forderungen schon nächste Woche durchgesetzt und die Ziele bald darauf erreicht sind. Politik ist ein mühsames Geschäft. Ungeduld ist aber kein neues Phänomen, die gab es früher bei den Jungdemokraten auch schon. Das hat auch nichts mit der Schnelligkeit der neuen Medien zu tun. Aber die neuen Medien beeinflussen die Politik heute auf erschreckend andere Weise. Das Reflektieren und Abwägen ist in einer verkürzten Kommunikation nicht mehr so gefragt. Und mein Rat an junge Menschen: engagiert Euch, wenn Ihr ein Anliegen habt und Verantwortung übernehmen wollt! Wenn es um Geldverdienen oder Karriere geht, ist Politik nicht das richtige Feld.

» *Carsten Jäger: Sie sind seit fast 65 Jahren Mitglied der FDP, seit 75 Jahren politisch aktiv. Noch immer gehen Sie zu politischen*

Veranstaltungen, bringen sich ein, machen Wahlkampf. Über welche politischen Erfolge freuen Sie sich rückblickend am meisten? Womit hadern Sie? Wem sind Sie dankbar?

Es sind eher die kleinen Sachen die bleiben und an die man sich erinnert. So habe ich in der Deputation für Bildung erreicht, dass die kaufmännischen Berufsschulen Schreibmaschinen zugeteilt bekamen in dem Wert, in dem die gewerblichen Schulen mit Maschinen ausgestattet wurden. Ich habe mich immer hart gegen diejenigen gewandt, die versuchten, den politischen Gegner persönlich anzugreifen und niederzumachen. Auch in der Bürgerschaft. Und ich war immer ein Freund von klaren und deutlichen Worten, etwa gegenüber dem damaligen Innensenator Fröhlich[165], als er Volksschülern die Aufnahme in den Polizeidienst verweigern wollte. Ich habe ihn leider nicht von dieser unsozialen Entscheidung abbringen können. Dankbar bin ich meiner Frau Sabine, die mich ständig unterstützte und sich um die Familie kümmerte. Oft hat sie unsere Kandidaten fotografiert, wenn wir Wahlkampfbroschüren selber machten. Meinen Kindern Jella und Jörg[166] danke ich für ihr Verständnis, oft auf den Vater verzichtet haben zu müssen. Meinem Sohn habe ich das liberale Parteigen ja sogar weitergegeben.

» *Claus Jäger und Carsten Jäger: Danke!*

12. Sabine und Georg v. Groeling-Müller

Lebenslauf Georg Franz v. Groeling-Müller

Familie:

Am 15. April 1927 geboren in Karolinenhof, Kreis Osterode / Ostpreußen als Sohn des Landwirts Hubert Müller und seiner Ehefrau Gabriele, geborene v. Groeling.

1962 Adoption durch Helene v. Groeling, der Schwester der Mutter.

1969 Heirat mit Dr. med. vet. Sabine Meier. 1971 Geburt des Sohnes Jörg, 1973 Geburt der Tochter Jella. Mittlerweile drei Enkelkinder. Lebt seit 1972 in Bremen-Lesum.

Ausbildung, Wehrdienst, Studium und Beruf:

1933 – 1936 Besuch der ländlichen Volksschule in Döhringen / Ostpreußen.

1936 – 1937 Hausunterricht zur Vorbereitung der Oberschule.

1937 – 1944 Besuch der Herderschule (Oberschule für Jungen) in Mohrungen / Ostpreußen. Unterbringung im Internat der Schule.

März – August 1944 Flakhelfer, zunächst auf dem Zigankenberg in Danzig, dann nahe der Westerplatte am Strand der Danziger Bucht.

September – November 1944 Reichsarbeitsdienst in Rypien / Westpreußen.

Ende 1944 als Offiziersbewerber eingezogen nach Brandenburg.

8. April 1945 beim Kampfeinsatz gegen die sowjetische Armee vor Berlin schwer verwundet.

28. August 1945 mit russischem Entlassungsschein aus dem Lazarett Zerbst entlassen. Von dort aus getrampt über Nauen, Schwerin nach Schwansee im Klützer Winkel.

September 1945 Flucht über die Zonengrenze nach Lübeck, von dort Weiterfahrt nach Bremen, wohin die Eltern und Geschwister über Ringenwalde und Schwansee aus Ostpreußen geflüchtet waren.

Dezember 1945 Arbeitsaufnahme bei der Spielwarenmanufaktur Boiger in Bremen-Vegesack.

1946 – 1947 Arbeit in Depots der US-Army in Lemwerder und Bremen-Aumund (Bremer Vulkan).

1947 Mitarbeit im Jugendring Bremen-Nord, initiiert von der US-Army.

1947 – 1948 Arbeit bei der britischen Bombenabwurf-Versuchsgruppe am Bunker Valentin in Bremen-Farge.

1948 – 1949 Besuch der Höheren Handelsschule in Bremen-Vegesack.

1949 – 1951 Lehre zum Industriekaufmann bei der Bremer Tauwerkfabrik F. Tecklenborg & Co. in Bremen-Grohn.

1951 bis April 1953 Arbeit bei der Transporteinheit 533 (GSO) der britischen Armee in Steierberg bei Nienburg und in Celle.

1953 – 1954 Abitur an der Hochschule für Arbeit, Politik und Wirtschaft in Wilhelmshaven.

1954 – 1959 Studium der Betriebswirtschaftslehre und Handelslehrerpädagogik an der Wirtschaftshochschule Mannheim. Als Ältestenrat Mitglied im Allgemeinen Studentenausschuss (Asta). Abschluss: Diplom-Handelslehrer. Während des Studiums Praktika bei der Firma Helly Hansen (Möbelfedern, Regenbekleidung) in Norwegen und bei der Firma Allen & Hanburys (medizinische Geräte) in Großbritannien, beim Finanzamt Mannheim und der Sparkasse in Bremen-Blumenthal. Im Anschluss halbjährige Arbeit in der Betriebswirtschaftlichen Abteilung der Firma Brown, Boveri & Cie. in Mannheim.

Ab November 1960 Handelslehrer an den Kaufmännischen Berufsschulen in Bremen. 1962 Ernennung zum Handelsstudienrat, 1966 zum Studienrat, 1971 zum Oberstudienrat.

Bis 1965 Arbeit als Schöffe für Strafsachen beim Landgericht Bremen.

1967 – 1971 Lehraufträge an den Beruflichen Schulen Delmenhorst und Osterholz-Scharmbeck.

1980 – 1989 abgeordnet zum Reichsbund Berufsbildungswerk Bremen. Dort Leiter der Abteilung Schule für die berufliche Bildung behinderter Jugendlicher.

Politisches Engagement:

1946 – 1956 Mitglied der Radikal-Sozialen Freiheitspartei (RSF).

Ab 1956 Mitglied im Liberalen Studentenbund Deutschlands (LSD) – Übergang in den Verband Liberaler Akademiker (VLA).

Seit 21. April 1958 Mitglied der Freien Demokratischen Partei (FDP).

1978 – 1980 und 1989 – 2002 Vorsitzender des FDP-Ortsverbandes Bremen-Lesum.

1968 – 1972 Vorsitzender des FDP-Kreisverbandes Bremen-Nord.

Seit 1998 Ehrenmitglied des Kreisverbandes Osterholz der FDP.

1980 – 1982 Mitglied des Landesvorstands der FDP-Bremen.

1963 – 1971 Mitglied des Ortsamtsbeirats Bremen-Vegesack.

1979 – 1982 und 1991 – 1995 Mitglied des Ortsamtsbeirats Burg-Lesum.

1967 – 1971, 1975 – 1979 und 1982 – 1983 Mitglied der Bremischen Bürgerschaft. Zeitweise Mitglied in der Deputation für Berufs- und Fachschulen, in der Deputation für Außenhandel, in der Deputation für Bau und Verkehr, in der Deputation für Bildung.

1987 – 1991 Mitglied der Deputation für Wissenschaft und Kunst bei der Bremischen Bürgerschaft.

1991 – 2008 Vorsitzender der Liberalen Gesellschaft von 1965 e.V., Bremen. Seitdem stellvertretender Vorsitzender.

Sonstiges ehrenamtliches Engagement und Mitgliedschaften:

1946 – 1947 Mitglied in der Gewerkschaft Öffentliche Dienste, Transport und Verkehr (ÖTV).

Seit 1948 Mitglied im Reichsbund der Kriegsbeschädigten usw. (heute Sozialverband Deutschland). 1994 – 2008 Vorsitzender der Ortsgruppe Bremen-Vegesack, 2008 – 2010 Vorsitzender der Ortsgruppe Bremen-Lesum. 2018 Verleihung der Goldmedaille für siebzigjährige Mitgliedschaft.

Mitglied im Lehrerverein, aufgegangen in der Gewerkschaft Erziehung und Wissenschaft (GEW). Dort im Vorstand des Bezirks Bremen-Nord und zeitweise im Landesvorstand. 1982 Austritt.

Mitglied im Bürgerverein Bremen-Vegesack.

1971 Gründungs- und Vorstandsmitglied der Gesellschaft zur Förderung der Theater der Freien Hansestadt Bremen.

1979 – 1981 Präses des Verbandes der Liberalen Akademiker e.V.

1981 mit anderen Schulleitern von Berufsbildungswerken Gründung der „Bundesarbeitsgemeinschaft der Leitungen von Schulen für die berufliche Bildung Behinderter (BALS) e.V."

1982 – 1990 Mitglied der Deutschen Angestellten Gewerkschaft (DAG).

Seit 2000 Mitglied der Landsmannschaft Ostpreußen e.V. Bremen, von 2009 – 2019 stellvertretender Vorsitzender.

2001 – 2005 und 2006 Vorsitzender des Trägervereins KITO Altes Packhaus Vegesack e.V. Seitdem stellvertretender Vorsitzender.

2007 – 2016 Gründungsmitglied und Vorsitzender des Vereins der Freunde und Förderer des Atelierhauses Rösler Kröhnke e.V., Kühlungsborn. Seitdem Mitglied des Vorstands.

13. Carsten Jäger, Georg v. Groeling-Müller, Claus Jäger

Claus Jäger

1943 in Schaumburg geboren. Aufgewachsen in Bremen-Lesum. 1961 bis 1962 Austauschschüler in Green Bay, Wisconsin (USA). Abitur am Gerhard-Rohlfs-Gymnasium in Bremen-Vegesack. 1964 bis 1966 Bundeswehr. Leutnant der Reserve. Studium der Rechtswissenschaft in Berlin und Göttingen, 1971 erstes, 1974 zweites Staatsexamen. Seitdem als Rechtsanwalt zugelassen. 1975 bis 1979 Geschäftsführer der FDP-Fraktion in der Bremischen Bürgerschaft. 1982 Bestellung zum Notar. Seit 1969 Mitglied der FDP. 1975 bis 1977 Vorsitzender des FDP Ortsverbandes Bremen-Lesum. Von 1984 bis 1986 Vorsitzender der Parlamentarischen Arbeitsgemeinschaft der FDP in Bremen. Von 1986 bis 1988 und von 1999 bis 2003 Landesvorsitzender der Bremer FDP. Von 1986 bis 1988 und von 1999 bis 2005 Mitglied des Bundesvorstands der FDP. Seit 2005 stellvertretender Vorsitzender der Liberalen Gesellschaft Bremen von 1965 e.V. Von 1973 bis 1979 Mitglied im Beirat beim Ortsamt Burg-Lesum. Von 1979 bis 1983 und von 1987 bis 1991 Mitglied der Bremischen Bürgerschaft, von 1987 bis 1991 als Vorsitzender der FDP-Fraktion. 1989 Mitglied der Bundesversammlung. 1991 bis 1995 Senator für Wirtschaft, Mittelstand und Technologie der Freien Hansestadt Bremen, von 1991 bis 1993 als Bürgermeister zugleich Stellvertretender Präsident des Senats. Seit 1975 stellvertretender, seit 1996 Vorsitzender des Jugendgemeinschaftswerks Bremen e.V. Seit 1996 Vorsitzender des Deutschen Schulschiffvereins e.V., 1996 Gründungsmitglied der Rudolf-Hengstenberg-Gesellschaft e.V.

Verheiratet, zwei Kinder, vier Enkelkinder, wohnt in Bremen-Lesum.

Carsten Jäger

1974 in Bremen geboren. Aufgewachsen in Bremen-Lesum. 1993
Abitur. Zivildienst. Studium der Mittleren und Neueren Geschichte, Politikwissenschaft und Volkskunde in Göttingen, Abschluss: Magister (M.A.) Seit 1991 Mitglied der FDP. 1993 bis 1994
Bezirksvorsitzender der Jungen Liberalen Bremen-Nord. Arbeitet
seit 2001 als Referent und Berater, u.a. im Deutschen Bundestag
für den Abgeordneten und Fraktionsvorsitzenden Rainer Brüderle
(FDP), im Bundesministerium für Wirtschaft und Technologie als
Leiter des Ministerbüros und Leiter des Leitungsstabs, als Leiter
für Kommunikation und Koordinierung für die FDP-Bundestags-
fraktion, für die Friedrich-Naumann-Stiftung und für die FDP-
Bundespartei. Er ist Gründungsmitglied und Geschäftsführer der
Rudolf-Hengstenberg-Gesellschaft e.V. Er ist verheiratet, hat vier
Kinder und lebt mit seiner Familie in Berlin und in Mecklenburg.

Bildnachweise

Titelseite: Mitgliedsausweis der Bremischen Bürgerschaft, Privatarchiv Georg v. Groeling-Müller.

1. Privatarchiv Georg v. Groeling-Müller.

2. Privatarchiv Georg v. Groeling-Müller.

3. Domänenpächter Franz Müller (1862–1932) mit Ehefrau Erna, geb. Probst (1871–1951), und Sohn Hubert, zwischen 1898 und 1902. Privatarchiv Georg v. Groeling-Müller.

4. Hindenburg besucht Gut Mörlen (zwischen 1925–1932), v.l.: General Günther v. Niebelschütz, Domänenpächter Franz Müller, Landrat Adametz (mit Zylinder), Reichspräsident v. Hindenburg. Privatarchiv Georg v. Groeling-Müller.

5. Georg v. Groeling-Müller vor Porträts seiner Urururgroßeltern Leopold v. Groeling (1767–1844) und Caroline v. Groeling, geb. Gräfin Schack v. Wittenau (1773–1827). Foto: Christian Kosak (2018).

6. Zu dem Passierschein in russischer Sprache wurde am selben Tag, dem 27. August 1945, auch eine deutsche „Entlassungsbescheinigung" vom „Deutschen Lazarett der Stadt Zerbst" ausgestellt: „Der Georg Müller [...] befand sich vom 21.5.45 bis 28.8.45 wegen Gr. Splitter Rücken u. li. Oberschenkel Schuss li. Halsschlagader, Aneurysma Durch russ. Ärztekomm. 80% Invalide beurteilt in Lazarettbehandlung und wird heute auf

Anordnung des russischen Kommandanten für Stadt und Kreis Zerbst in die Heimat entlassen. Ein Passierschein des russischen Kommandanten wurde ihm ausgehändigt. Er ist angewiesen, sich bei seiner Heimatbehörde zu melden. Der Chefarzt". Privatarchiv Georg v. Groeling-Müller.

7. Privatarchiv Georg v. Groeling-Müller.

8. Privatarchiv Georg v. Groeling-Müller.

9. Franz Gauker, Kurt Hübner, Georg v. Groeling-Müller (v.l.) am 17. Mai 1987 bei der Ausstellungseröffnung auf der HAFA Bremen. Foto: Jochen Stoss, mit freundlicher Genehmigung des Staatsarchivs der Freien Hansestadt Bremen.

10. Kandidaten der FDP-Lesum für die Bremer Bürgerschafts- und Beiratswahlen 1995 auf dem Lesumer Marktplatz v.l.n.r.: Jörg v. Groeling-Müller, Agnes Müller-Lang, Georg v. Groeling-Müller, Dr. Michael Hesseler, Andreas Stehnken, Uwe Wegner, Oliver Koller. Privatarchiv Georg v. Groeling-Müller.

11. Um 1980, Privatarchiv Georg v. Groeling-Müller.

12. Privatarchiv Georg v. Groeling-Müller.

13. Foto: Justus Jäger.

Anmerkungen

1   Hubert Müller (1895–1982).

2   Prof. Dr. Hubertus Müller-Groeling (1929–2019), Wirtschaftswissenschaftler, war von 1970 bis 1994 am Kieler Institut für Weltwirtschaft tätig, zuletzt als dessen Vizepräsident. Er war Mitglied der FDP und lange Jahre im Kuratorium und im Vorstand der Friedrich-Naumann-Stiftung aktiv.

3   Maleen Jonsson (geb. 1928) lebt mit ihrem Mann Bengt seit den 1950er Jahren in Schweden.

4   Joachim Zachers Mutter Else, geb. Müller, war die Schwester des Vaters.

5   Albert v. Groeling (1866–1944) war ein begeisterter Jäger. Er war in erster Ehe mit Helene v. Groeling, geb. Hardt (1878–1923) verheiratet. Mit seiner zweiten Ehefrau Tetta v. Groeling zog er 1934 von Gut Schildeck nach Ringenwalde in der Uckermark.

6   Das Rittergut Rhein wurde 1399 erstmals urkundlich erwähnt. Von 1827 bis 1945 war es in Besitz der Familie Rogalla.

7   Gabriele Müller, geb. v. Groeling (1902–1996).

8   Sophie Hardt, geb. v. Wallenberg (1854–1941). Sie bewirtschaftete mit ihrem Mann Arthur Hardt (1847–1934) das Gut Schildeck.

9   Erna Müller, geb. Probst, bewirtschaftete mit ihrem Mann Franz die Domäne Mörlen. Ihr Sohn Hubert war der Vater von Georg v. Groeling-Müller.

10   Personen, die Viehzucht oder Molkerei nach Schweizerart betrieben, nannte man in der Landwirtschaft Schweizer, auch wenn sie nicht aus der Schweiz stammten.

11   Helene v. Groeling (1905–1993).

12   Johann Benedikt v. Groeling (1726–1791) wurde in Aschersleben geboren, ging nach Schlesien, begann seine militärische Laufbahn als einfacher Husar und nahm am Siebenjährigen Krieg teil. 1768 erhob König Friedrich II. von Preußen ihn und seine Nachkommen in den Adelsstand. 1786

wurde er zum Generalmajor befördert. 1791 erhielt er seine Demission als Generalleutnant.

13 Oda Hardt-Rösler (1880–1965) war eine bildende Künstlerin. Sie besuchte die Kunstakademie Königsberg. 1906 heiratete sie den Künstler Waldemar Rösler. In den 1930er Jahren legt sie sich das Pseudonym Xeiner zu. 1944 wurden zahlreiche Jugendwerke auf Gut Schildeck zerstört. Nach dem Zweiten Weltkrieg gründete sie zusammen mit Ottilie Reylaender eine Malschule. Sie war die Schwester von Georg v. Groeling-Müllers Großmutter Lena Hardt.

14 Waldemar Rösler (1882–1916) war ein Landschaftsmaler. Er besuchte die Kunstakademie Königsberg und nahm 1905 an der Ausstellung der Berliner Secession teil. Nach Einsätzen im Ersten Weltkrieg nahm er sich 1916 das Leben. Er wurde in der Grabstelle der Familie Hardt auf Gut Schildeck beerdigt. 1937 werden vier Arbeiten in Museen als „entartete Kunst" beschlagnahmt. 1944 wurden etwa 200 seiner Gemälde auf Gut Schildeck zerstört.

15 Walter Kröhnke (1903–1944) war ein bildender Künstler, seit 1933 verheiratet mit Louise Rösler.

16 Louise „Mucki" Rösler (1907–1993) bildende Künstlerin, Tochter von Waldemar Rösler und Oda Hardt-Rösler.

17 Nationalsozialistischer Propagandabegriff für die Stadt München, in der der Aufstieg Adolf Hitlers und der Nationalsozialistischen Deutschen Arbeiterpartei (NSDAP) begann.

18 Alexander Lifschütz (1890–1969) war von 1947 bis 1949 als Senator für politische Bildung in Bremen für die Verfahren der Entnazifizierung zuständig. Von 1956 bis zum seinem Tod war er Präsident des Staatsgerichtshofs der Freien Hansestadt Bremen.

19 Arthur Valentini (1896–1976) bewirtschaftete das Gut Henriettenhof im Kreis Preußisch Eylau. Nach dem Krieg lebte er in Wachtberg bei Bonn.

20 Am 18. Februar 1943 hielt der Reichspropagandaminister Joseph Goebbels im Berliner Sportpalast eine Rede, in der er die Deutschen zum „totalen Krieg" aufrief.

21 Die Festung Weichselmünde, nordöstlich von Danzig unweit der Wester-
    platte gelegen.

22 Lockheed P-38 („Lightning"), us-amerikanisches Kampfflugzeug, das von
    1941–1945 produziert wurde.

23 Flugabwehrkanone mit einem Kaliber von 8,8 cm, die von der Deutschen
    Wehrmacht im Zweiten Weltkrieg an allen Fronten eingesetzt wurde.

24 Füsiliere waren ursprünglich mit einem Steinschlossgewehr (franz. „Fusil")
    bewaffnete Infanteristen. Zwischen 1919 und 1943 gab es keine Füsiliere
    im deutschen Heer. 1943 führte die Wehrmacht Füsilierbataillone anstelle
    der aufgelösten Aufklärungsabteilungen ein, die aus Infanteriekompanien
    und Aufklärungskompanien bestanden.

25 Die Infanterie-Division „Scharnhorst" wurde am 30. März 1945 überwie-
    gend aus Teilnehmern von Offiziers- und Unteroffiziersschulen, Truppen-
    teilen von Ersatzeinheiten und Angehörigen von drei zerschlagenen Di-
    visionen gebildet und im Raum Dessau-Roßlau aufgestellt. Ab dem 23.
    April 1945 war die Division der 12. Armee zugeordnet, die nach ihrem
    Oberbefehlshaber Walther Wenck auch „Armee Wenck" genannt wurde.

26 Günther v. Niebelschütz (1882–1945) war ein General der Infanterie. Ab
    April 1937 war er Inspekteur der Kriegsschulen im Oberkommando des
    Heeres. Bereits im Februar 1938 wurde er von diesem Posten entbunden
    und aus dem aktiven Dienst verabschiedet. Zu Beginn des Zweiten Welt-
    kriegs wurde er reaktiviert. Er wurde als Kommandeur in Südostpreußen
    und Russland eingesetzt und 1943 endgültig aus dem aktiven Dienst ver-
    abschiedet. Er zog sich auf sein Gut Schildeck in Ostpreußen zurück, wo
    er im Januar 1945 beim Einmarsch der Roten Armee von sowjetischen
    Soldaten erschossen wurde.

27 Um 12.42 Uhr war die Bombe im „Führerhauptquartier Wolfsschanze"
    bei Rastenburg / Ostpreußen detoniert. Bereits gegen 13.00 Uhr erhielt
    Propagandaminister Goebbels in Berlin Kenntnis von dem Attentat. Über
    die Folgen herrschte einige Stunden Unklarheit. Nachdem Claus Graf
    Stauffenberg gegen 15.45 Uhr wieder nahe Berlin gelandet war, wurde die

„Operation Walküre" zum Umsturz des Regimes ausgelöst. Ab 18.28 Uhr vermeldete der Deutschlandsender, dass Adolf Hitler das Attentat überlebt hatte.

28   Das Konzentrationslager Stutthof lag östlich von Danzig und bestand von September 1939 bis zur Befreiung im Mai 1945. Von den insgesamt etwa 110.000 inhaftierten Frauen und Männern überlebten 65.000 die Haft nicht, vor allem infolge schwerster Zwangsarbeit. Wegen organisierter Massentötungen seit Juli 1944 wird das Lager von Historikern und der Zentralen Stelle der Landesjustizverwaltungen zur Aufklärung nationalsozialistischer Verbrechen („Ludwigsburger Zentrale Stelle") als Vernichtungslager eingestuft. Unter der Verwaltung des KZ Stutthof standen 39 Außenlager. Wo die hier beschriebenen Zwangsarbeiter inhaftiert waren, ließ sich nicht klären.

29   Genannt „Schnapp" Hannemann, ein Cousin 2. Grades, der in Danzig lebte. Georg v. Groeling-Müllers Großvater Müller war dessen Großonkel.

30   Fritz Hoefer erschoss sich später als Mitarbeiter des Stabes von General Wenck, als dessen Armee sich den Russen ergeben hatte.

31   Die Geschichte des Gutes Schildeck bei Osterode in Ostpreußen geht bis ins 14. Jahrhundert zurück. Vom 19. Jahrhundert bis in die 1920er Jahre war es in Besitz der Familie v. Hardt. Der Betrieb umfasste zu der Zeit 800ha mit Molkerei, Brennerei und Pferdezucht. Lissa v. Hardt heiratete 1919 den aus Schlesien stammenden Oberst Günther v. Niebelschütz. Das Herrenhaus von 1910 steht noch und befindet sich heute in Privatbesitz.

32   Hans Paul Oster (1887–1945) war zuletzt Generalmajor der Wehrmacht und eine der zentralen Persönlichkeiten des militärischen Widerstandes gegen Hitler. Schon 1943 weckte Oster den Verdacht der Geheimen Staatspolizei (Gestapo), wurde unter Hausarrest gestellt und aus seiner militärischen Stellung in der Abwehr entlassen. Einen Tag nach dem gescheiterten Attentat und Umsturzversuch des 20. Juli 1944 wurde Oster verhaftet, nachdem er als Verbindungsoffizier der Verschwörer um Graf

Stauffenberg identifiziert werden konnte. Er wurde am 9. April 1945 im KZ Flossenbürg getötet. Im Falle des Gelingens des Umsturzes im Juli 1944 war Oster als Präsident des Reichsgerichtes vorgesehen gewesen.

33 „In der Nacht ist der Mensch nicht gern alleine", Lied aus dem Film „Die Frau meiner Träume" von 1944. Komponist: Franz Grothe, Text: Willy Dehmel. Gesungen von Marika Rökk.

34 Die Cambrai-Kaserne in der Schwartauer Landstraße in Lübeck-St. Lorenz war zwischen 1936 und 1938 errichtet worden.

35 Das „Goldene Parteiabzeichen" war die dritthöchste Parteiauszeichnung der NSDAP.

36 Die Segelmacherei Meyerdierks war in der Alten Hafenstraße 38 in Bremen-Vegesack.

37 Rhea Elias, geb. Seggermann.

38 Der erste Luftangriff auf den U-Boot-Bunker Valentin war am 9. Februar 1945 durch die Royal Air Force erfolgt. Der zweite Angriff am 27. März mit 18 Lancaster-Bombern verzeichnete zwei Treffer, die jeweils 8 m breite Löcher in die Bunkerdecke rissen. Zahlreiche, vor allem französische Zwangsarbeiter kamen ums Leben. Die Bauarbeiten wurden nach diesem Angriff eingestellt. Bei einem dritten Angriff, dieses Mal durch die US Army Air Force, am 30. März wurde vor allem die umliegende Infrastruktur zerstört. Georg v. Groeling-Müller war Zeuge des zweiten Angriffs am 27. März.

39 Leicht abgewandelte Form des Refrains „Ja, da muaß wohl an der Leitung etwas nicht in Ordnung sein" aus dem volkstümlichen Lied „Die Leitung", das schon vor 1900 von Münchner Volkssängern gesungen wurde. Vgl.: *Couplets und Vortragslieder II*, Veröffentlichung des Bezirks Oberbayern, München 2007.

40 Hans-Dietrich Genscher (1927–2016) (FDP) war von 1974 bis 1985 Bundesvorsitzender der FDP. Von 1965 bis 1998 war er Mitglied des Deutschen Bundestages. Von 1969 bis 1974 war er Bundesminister des Innern, von 1974 bis 1992 Bundesminister des Auswärtigen.

41 Vgl. Hans-Dietrich Genscher: *Erinnerungen*, Berlin 1995, S. 43–51.

42 Gilbert Graser (1927–2011) war später u.a. Betriebsrat bei der Continental AG in Hannover.

43 Am 28. April 1945 war die Stadt Zerbst kampflos an US-Bodentruppen übergeben worden. Am 6. Mai löste die Rote Armee die us-amerikanische Besatzung ab.

44 Prof. Dr. August Bier (1861–1949) übernahm 1907 das Direktorat der Chirurgischen Universitätsklinik. 1920 wurde er als Leiter der Hochschule für Leibesübungen in Berlin berufen. 1932 Emeritierung. 1942 Ernennung zum außerordentlichen Mitglied des wissenschaftlichen Senats des Heeressanitätswesens durch Adolf Hitler.

45 Ernst Thape (1892–1985) (SPD, SED, SPD) wurde im Juli 1945 zum Vizepräsidenten für Wirtschaft und Verkehr der Provinzialverwaltung Sachsen ernannt. Im Dezember 1946 wurde er zum Minister für Volksbildung, Wissenschaft und Kultur der Provinz Sachsen-Anhalt ernannt. 1948 flüchtete er aus der sowjetisch besetzten Zone und wurde später Vorsitzender und Ratsherr für die SPD in Langenhagen bei Hannover.

46 Moritz Thape (1920–2019) (SPD) seit 1965 bis 1985 Mitglied des Bremer Senats, seit 1979 als Stellvertretender Präsident und Bürgermeister.

47 Die Freie Deutsche Jugend (FDJ) wurde offiziell im März 1946 gegründet. Bereits im Sommer 1945 hatte die Sowjetische Militäradministration in Berlin die Einrichtung von Jugendausschüssen bekannt gegeben, aus denen eine „freiheitliche deutsche Jugendbewegung" erwachsen sollte. Vgl. Ulrich Mählert: *Die Freie Deutsche Jugend 1945–1949*. Paderborn 1995.

48 Niclas Harjes (1922–2000) und Michael Harjes (1926–2006) waren Söhne des Kunstschmiedes Friedrich Harjes. Nach einem gemeinsamen Engagement zunächst bei der RSF wechselte Niclas Harjes zusammen mit Georg v. Groeling-Müller zeitversetzt zur FDP. Niclas Harjes war von 1962 bis zu seinem Tod FDP-Mitglied. Michael Harjes stand in den 1950er Jahren der FSU (Frei-Soziale Union) nahe und gehörte später zu den Grün-

dungsmitgliedern der Grünen. Niclas Harjes vertrat die FDP über insgesamt 15 Jahre zwischen 1967 und 1991 im Beirat Blumenthal.

49   Die Radikal-Soziale Freiheitspartei (RSF) war 1946 in Düsseldorf gegründet worden. 1950 ging sie in der Frei-Sozialen Union (FSU) auf. Bei den Bürgerschaftswahlen 1947 in Bremen erzielte die RSF 1,1 % der Stimmen. Die RSF orientierte sich an der Freiwirtschaftslehre nach Silvio Gesell. Besitzrechte an Grund und Boden sollten abgeschafft und durch Nutzungsrechte ersetzt werden.

50   Marion v. Schröder (1886–1976) gründete 1935 den gleichnamigen Verlag.

51   Carl v. Schröder (1924–2013) war ab 1973 Hauptgeschäftsführer und I. Syndicus der Handelskammer Bremen.

52   Die Mutter von Erwin Reimers, Elisabeth Reimers, geb. Flügge, war am 6. Oktober 1945 im 42. Lebensjahr nach langer Krankheit gestorben.

53   1945 noch Bergstraße 8, Aumund.

54   Richard Batz (1894–1965) war Architekt und Gründungsmitglied der RSF, deren erster Vorsitzender er wurde.

55   Liberaler Studentenbund Deutschlands.

56   Robert Margulies (1908–1974) (FDP) gründete 1946 eine Getreideimportfirma, wurde Präsident der Mannheimer Produktenbörse und war von 1949 bis 1951 Präsident des Gesamtverbandes des Deutschen Groß- und Außenhandels. 1946 war er Mitglied der Verfassunggebenden Landesversammlung und anschließend Abgeordneter im Landtag von Württemberg-Baden. Von 1949 bis 1964 war er Mitglied des Deutschen Bundestages, von 1958 bis 1964 auch Mitglied des Europaparlaments.

57   Das Land Baden-Württemberg entstand 1952 durch Zusammenschluss der Länder Württemberg-Baden, Baden und Württemberg-Hohenzollern.

58   Reinhold Maier (1889–1971) (FDP/DVP) war von 1945 bis 1952 Ministerpräsident von Württemberg-Baden und von 1952 bis 1953 Ministerpräsident des neu gebildeten Landes Baden-Württemberg. Von 1957 bis 1960 war er Bundesvorsitzender der FDP, anschließend bis zu seinem Tod deren Ehrenvorsitzender.

59   Thomas Dehler (1897–1967) (FDP) war von 1949 bis 1953 Bundesminister der Justiz und von 1953 bis 1957 Vorsitzender der FDP-Bundestagsfraktion. Von 1954 bis 1957 war er zugleich Bundesvorsitzender der FDP. Dehler gehörte zu den Liberalen, die sich für einen politischen Kurs der Mitte aussprachen. Er lehnte eine Zusammenarbeit mit der Deutschen Partei (DP) ab.

60   Bundespräsident Theodor Heuss (1884–1963) hatte 1953 die Wiederernennung Dehlers zum Bundesjustizminister abgelehnt wegen dessen Auseinandersetzung mit dem Bundesverfassungsgericht. Differenzen gab es auch zwischen Bundeskanzler Adenauer und Dehler.

61   Wolrad Bunge.

62   Brown, Boveri & Cie. (1891–1988) war ein Schweizer Elektrotechnikkonzern mit Sitz in Baden. In Mannheim war ein wichtiger Standort.

63   Hans Schuhose, Berufsschuldirektor.

64   Bruno Brell, 1949 bis 1957 Direktor der Kaufmännischen Berufs- und Handelsschule Bremen-Vegesack.

65   Friedrich Harjehusen (1905–2001), ab 1957 Direktor der Kaufmännischen Bildungsanstalten Bremen-Nord.

66   Die German Service Organisation war nach dem Zweiten Weltkrieg gegründet worden und umfasste alle deutschen Zivilangestellten der britischen Besatzungsmacht in Deutschland. Sie war 1950 aus der German Civil Labour Organisation hervorgegangen. Bezahlt wurden die GSO-Angehörigen vom deutschen Staat.

67   Manfred Korn (1926–2006) (FDP) war seit 1955 FDP-Mitglied und von 1962 bis 1968 Vorsitzender des FDP-Kreisverbandes Bremen-Nord.

68   Gert Börnsen (1943–2014) trat nach dem Abitur am Gerhard-Rohlfs-Gymnasium in Bremen 1964 in die SPD ein. 1968/69 war er Bundesvorsitzender des Sozialdemokratischen Hochschulbundes. Von 1975 bis 1996 war er Abgeordneter des Landtages von Schleswig-Holstein. Sein Bruder Arne (geb. 1944) machte 1965 Abitur am Gerhard-Rohlfs-Gymnasium in Bremen. 1969 trat er der SPD bei. Von 1980 bis 1983 und von 1987 bis 1998 war er Mitglied des Deutschen Bundestages.

69 Egon Kähler (1925–1992) (SPD) war Mitglied des Beirats Vegesack und von 1963 bis 1979 auch Mitglied der Bremischen Bürgerschaft, von 1975 bis 1979 als Vorsitzender der SPD-Fraktion.

70 Friedrich Freese (1922–2015) Oberstudienrat am Gerhard-Rohlfs-Gymnasium in Bremen-Vegesack und ab 1967 Schulleiter des Gymnasiums in Bremen-Blumenthal.

71 Günter Kuhnert (1923–2010) (FDP) war von 1972 bis 1994 Vorsitzender des FDP-Kreisverbandes Bremen-Nord. Von 1976 bis 1984 war er stellvertretender Landesvorsitzender der FDP Bremen. Von 1967 bis 1983 (mit Unterbrechungen) und von 1987 bis 1991 war er Mitglied der Bremischen Bürgerschaft, von 1995 bis 1999 Mitglied des Beirats Vegesack.

72 Das Städtebauförderungsgesetz wurde 1971 beschlossen. Es gab der Stadtplanung u.a. das Recht, in Sanierungsgebieten Abbruch- und Modernisierungsgebote zu erlassen.

73 Hermann Haslob (1910–1985), damaliger Leiter des Bauamts Bremen-Nord.

74 Hermann Krauß (1938–2020) (FDP) war Rechtsanwalt, Syndicus der Handelskammer Bremen, Hauptgeschäftsführer des Handelsverbands Nordwest e.V., Deputierter für Wissenschaft und Kunst der FDP-Fraktion in der Bremischen Bürgerschaft und Vorsitzender der Liberalen Gesellschaft Bremen von 1965 e.V.

75 Dirk Harms (geb. 1945) (FDP) war von 1974 bis 1979 Mitglied des Beirats Vegesack.

76 Albert Rademann (1902–1973) war Immobilienmakler in Vegesack. Er hatte am 22. September 1949 zu den Gründungsmitgliedern der Ortsgruppe Bremen-Nord der Bremer Demokratischen Volkspartei, dem Landesverband der FDP, gehört und war zum Vorsitzenden gewählt worden. Er war später für die CDU Mitglied des Beirats Vegesack.

77 Hermann Rademann (1947–1988) war Mitbegründer des Unabhängigen Schülerbundes (USB) in Bremen-Nord. Er war einer der Wortführer bei den Bremer Straßenbahnunruhen und stellte dem Bürgermeister Hans Koschnick ein Ultimatum zur Rücknahme der Tariferhöhungen.

78 Georg Borttscheller (1896–1973) (FDP) kam als Wirtschaftsjournalist nach Bremen und wurde 1934 Chefredakteur der später eingestellten Weser-Zeitung. Er war von 1951 bis 1959 Mitglied der Bremischen Bürgerschaft, seit 1954 als Vorsitzender der FDP-Fraktion. Von 1959 bis 1971 war er Senator für Häfen, Schiffahrt und Verkehr der Freien Hansestadt Bremen.

79 Am 22. Januar 1968.

80 Hildegard Hamm-Brücher (1921–2016) (FDP) wurde 1963 in den Bundesvorstand der FDP gewählt. Von 1950 bis 1966 sowie von 1970 bis 1976 war sie Mitglied des Bayerischen Landtages, von 1976 bis 1990 Mitglied des Deutschen Bundestages. Von 1976 bis 1982 war sie Staatsministerin im Auswärtigen Amt. Sie trat 2002 aus der FDP aus.

81 Rudi Dutschke (1940–1979) galt als Wortführer der Studentenbewegung in der Bundesrepublik in den Sechzigerjahren. Bei einem Attentat auf ihn im April 1968 erlitt er schwere Hirnverletzungen, an deren Spätfolgen er starb.

82 Ralf Dahrendorf (1929–2009) (SPD, FDP) war 1967 zur FDP gewechselt. Er war von 1968 bis 1969 Mitglied des Landtages von Baden-Württemberg und von 1969 bis 1970 Mitglied des Deutschen Bundestages. Von 1970 bis 1974 war er EU-Kommissar. Von 1982 bis 1987 war er Vorstandsvorsitzender der Friedrich-Naumann-Stiftung.

83 Der FDP-Bundesparteitag vom 29. bis 31. Januar 1968 in Freiburg wurde von Studentenprotesten begleitet. Am Nachmittag des 30. Januar fand vor der Freiburger Stadthalle eine vom Sozialistischen Deutschen Studentenbund organisierte Demonstration statt. Der Hauptredner Rudi Dutschke saß mit einem Megaphon auf einem Wagen. Ralf Dahrendorf, der auf dem Parteitag in den Bundesvorstand der FDP gewählt wurde, erklärte sich zur öffentlichen Diskussion mit Dutschke auf dem Wagendach bereit, vor ca. 1000 Zuhörern. Darunter auch Georg v. Groeling-Müller. Kern der Auseinandersetzung war die Frage, ob die Bundesrepublik reformfähig sei. Dutschke warf den Parteitagsdelegierten vor, „Fachidioten" zu

sein. Dahrendorf konterte, es gebe auch „Fachidioten des Protestes". Vgl. https://www.freiheit.org/de/deutschland/liberalismus-trifft-auf-apo-und-gewinnt-nach-punkten

84 Alexander Dubček (1921–1992) war als Generalsekretär der Kommunistischen Partei der Tschechoslowakei und damit mächtigster Politiker von 1968 bis 1969 Leitfigur des „Prager Frühlings".

85 Weser-Kurier vom 22. August 1968, S. 11.

86 Richard Boljahn (1912–1992) (SPD) war von 1946 bis 1971 Mitglied der Bremischen Bürgerschaft, von 1951 bis 1968 als Vorsitzender der SPD-Fraktion. Von 1953 bis 1971 war er Vorsitzender des Deutschen Gewerkschaftsbundes in Bremen. Von 1953 bis 1969 war er Vorsitzender der Gemeinnützigen Wohnungsbaugemeinschaft (GEWOBA). Er war Mitglied zahlreicher Gremien und übte großen Einfluss vor allem auf die Baupolitik in Bremen aus. Nach starker innerparteilicher Kritik auch im Zusammenhang mit der Bauland-Affäre legte er 1971 sein Bürgerschaftsmandat nieder und trat vom DGB-Vorsitz in Bremen zurück. Wegen seines großen Einflusses wurde er in Bremen auch „König Richard" genannt.

87 Paul-Heinz Schubert (1913–1991) (FDP, CDU) war von 1963 bis 1971 Mitglied der Bremischen Bürgerschaft, von 1967 bis 1969 als Vorsitzender der FDP-Fraktion. Im Zusammenhang mit der Bauland-Affäre und seiner Kritik auch an FDP-Senatoren wurde er 1969 aus der FDP-Fraktion ausgeschlossen. Dagegen klagte er erfolglos vor dem Staatsgerichtshof der Freien Hansestadt Bremen. Sein Bürgerschaftsmandat behielt er und engagierte sich ab 1970 bei der CDU.

88 Rolf Speckmann (1918–1995) (FDP) war von 1959 bis 1966 Mitglied der Bremischen Bürgerschaft. Von 1966 bis 1969 war er Senator für Finanzen der Freien Hansestadt Bremen.

89 Wilhelm Lohmann (SPD) war ein Bremer Grundstücksmakler, der 1987 starb. Er wurde auch „Millionen-Willy" genannt.

90 Wilhelm Blase (1909–1994) (SPD) war von 1963 bis 1969 Senator für das Bauwesen der Freien Hansestadt Bremen. Er trat wegen der Bauland-

Affäre zurück. Von 1969 bis 1971 war er Mitglied der Bremischen Bürgerschaft.

91 Jürgen Schweinfurth (1935–2016) (FDP) war ab 1967 in der Verwaltung der Freien Hansestadt Bremen beschäftigt. Er war von 1964 bis 1968 Vorsitzender des Landesverbandes Bremen der Deutschen Jungdemokraten. Er war zwischen 1968 und 1980 zeitweilig Mitglied des Landesvorstandes der FDP Bremen und von 1977 bis 1980 Beisitzer im Bundesvorstand der FDP.

92 Günter Klein (1939–1998) (CDU) war von 1963 bis 1990 Mitglied der Bremischen Bürgerschaft, von 1971 bis 1973 als Vorsitzender der CDU-Fraktion. Von 1990 bis 1994 war er Mitglied des Deutschen Bundestages. Er war 1969/1970 Vorsitzender des Untersuchungsausschusses der Bremischen Bürgerschaft zur Bauland-Affäre.

93 Wilhelm Kaisen (1887–1979) (SPD) war von 1928 bis 1933 Mitglied der Bremischen Bürgerschaft und von 1928 bis 1933 Senator für das Wohlfahrtswesen der Freien Hansestadt Bremen. Von 1945 bis 1965 war er Bürgermeister und Präsident des Senats.

94 Hans Leussink (1912–2008) (parteilos), ab 1954 Professor an der Technischen Hochschule in Karlsruhe, war von 1969 bis 1972 Bundesminister für Bildung und Wissenschaft. Er leitete 1970/71 die Bund-Länder-Kommission für Bildungsplanung.

95 Bernt Schulte (geb. 1942) (CDU) war von 1971 bis 1975 im Beirat Schwachhausen und von 1975 bis 1995 Mitglied der Bremischen Bürgerschaft. Von 1995 bis 1999 war er in Bremen Senator für Bau, Verkehr und Stadtentwicklung.

96 Job-Günter Klink (1929–1980) wurde 1966 zum Leiter der Pädagogischen Hochschule in Bremen gewählt. Er gehörte dem Gründungsausschuss der Universität Bremen an und strebte die Gründung einer Pädagogischen Fakultät an. Dies gelang nicht, was als einer der Gründe für seinen Freitod angegeben wird. Vgl. Schwarzwälder, Herbert: *Das Große Bremen-Lexikon*, Bremen 2002, S. 394.

97 Hochschullehrer für Mathematik in Bremen.

98 Heide Gerstenberger (geb. 1940) war wissenschaftliche Mitarbeiterin am Lehrstuhl für Politikwissenschaft der Universität Göttingen als sie 1968 von der Bundesassistentenkonferenz in den Gründungssenat der Universität Bremen entsandt wurde, dessen Vorsitzende sie wurde. 1974 wurde sie als Professorin auf die Stelle „Theorie der bürgerlichen Gesellschaft und des Staates" an die Universität Bremen berufen.

99 Hans Werner Rothe (1920–2013) war federführend an der Planung und Gründung der Universität beteiligt. Schon 1961 hatte er eine Denkschrift „Über die Gründung einer Universität zu Bremen" verfasst. Er vertrat das Konzept einer Campus-Universität. 1969 wurde er als Universitätskurator unter Senator Moritz Thape (SPD) abgesetzt.

100 Imanuel Geiss (eigentl. Geiß) (1931–2012) war Historiker. 1970 wurde er Mitglied des Gründungssenats für die Universität Bremen. 1973 wurde er dort auf den Lehrstuhl für Neuere Geschichte berufen, den er bis 1996 innehatte.

101 Wilfried Gottschalch (1929–2006) war Sozial- und Erziehungswissenschaftler. Er war zunächst Lehrer in der DDR, ging dann nach West-Berlin. Er war Mitglied der Sozialistischen Jugend Deutschlands – Die Falken. Seit 1963 war er Professor an der Pädagogischen Hochschule in Berlin. 1971 wurde er an die neugegründete Universität Bremen berufen. Er gehörte zu den Unterzeichnern eines unter dem Pseudonym „Mescalero" verfassten „Nachrufs" für den von der RAF ermordeten Generalbundesanwalts Siegfried Buback. Wegen disziplinarischer Folgen wechselte er als Professor an die Universität Amsterdam. Später war er an den Technischen Universitäten in Chemnitz und Dresden tätig.

102 Hans Koschnick (1929–2016) (SPD) war von 1967 bis 1985 Präsident des Bremer Senats und Bürgermeister.

103 Harry John (1928–1977) (LDPD, FDP) war Lehrer in Rostock, wurde 1953 aus politischen Gründen in der DDR inhaftiert. Nach seiner Haftentlassung 1956 siedelte er nach Bremen über. Er trat 1957 der FDP bei. Von

1963 bis zu seinem Tod war er Mitglied der Bremischen Bürgerschaft, von 1969 bis 1975 als Vorsitzender und ab 1975 als stellvertretender Vorsitzender der FDP-Fraktion.

104 Ulrich Graf (1912–2006) (FDP) war von 1951 bis 1959 und von 1971 bis 1975 Mitglied der Bremischen Bürgerschaft. Von 1959 bis 1971 war er Senator für Justiz und Verfassung, seit 1963 zugleich auch Senator für kirchliche Angelegenheiten der Freien Hansestadt Bremen. Von 1968 bis 1974 war er Landesvorsitzender der Bremer FDP.

105 Peter Seibt (1929–1990) (FDP) war Professor für Human- und Sozialwissenschaften an der Universität Bremen, zuvor hatte er u.a. als Assistent von Theodor Eschenburg an der Universität Tübingen gearbeitet. In den Siebzigerjahren war er zeitweise Mitglied des Landesvorstands der FDP Bremen.

106 Karl Holl (1931–2017) war Historiker. Er wurde 1971 als Professor für Zeit- und Parteiengeschichte an die Universität Bremen berufen. 1979 wurde er für die FDP Mitglied der Bremischen Bürgerschaft. Wegen des Endes der sozial-liberalen Koalition auf Bundesebene legte er 1982 sein Mandat nieder.

107 Zit. n.: *Der Revolution abgeschworen – Jungdemokraten aus Bremen-Nord wollen die Partei-Linke stärken*, Nord-Kurier vom 22.11.1971, S. 1.

108 Ernst v. Schönfeld (geb. 1937) (FDP) war von 1975 bis 1983 Mitglied der Bremischen Bürgerschaft, von 1977 bis 1979 als stellvertretender Vorsitzender der FDP-Fraktion.

109 Horst-Jürgen Lahmann (geb. 1935) (FDP) war von 1969 bis 1971 Persönlicher Referent des Bremer Finanzsenators Rolf Speckmann (FDP). 1970 trat er in die FDP ein. Von 1971 bis 1983 war er Mitglied der Bremischen Bürgerschaft, ab 1975 als Vorsitzender der FDP-Fraktion. Von 1974 bis 1984 war er Landesvorsitzender der Bremer FDP, von 1977 bis 1984 Mitglied des Präsidiums der Bundes-FDP.

110 Walter Ostendorff (1918–1989) (FDP) war von 1960 bis 1983 Mitglied der Bremischen Bürgerschaft, ab 1971 als stellvertretender Vorsitzender der FDP-Fraktion.

111 Eva Schütte (1914–1998) (FDP) war von 1967 bis 1979 Mitglied der Bremischen Bürgerschaft.

112 Der Schulverbund Lesum in Bremen wurde 1971 gegründet. Seit 2010 Oberschule Lesum.

113 Karlheinz Lanzerath (geb. 1931) (CDU) war Rektor der Hochschule für Sozialpädagogik und Sozialökonomie, die 1982 mit drei anderen Hochschulen zur Hochschule Bremen fusionierte.

114 Christian Lindner (geb. 1979) (FDP) ist seit 2013 Bundesvorsitzender der FDP, deren Generalsekretär er von 2009 bis 2011 war. Von 2000 bis 2009 und von 2012 bis 2017 war er Mitglied des Landtages von Nordrhein-Westfalen, von 2012 bis 2017 als Vorsitzender der FDP-Fraktion. Von 2009 bis 2012 war er und seit 2017 ist er Mitglied des Deutschen Bundestages, seit 2017 als Vorsitzender der FDP-Fraktion.

115 Bernd Neumann (geb. 1942) (CDU) war von 1971 bis 1987 Mitglied der Bremischen Bürgerschaft, seit 1973 als Vorsitzender der CDU-Fraktion. Von 1987 bis 2013 war er Mitglied des Deutschen Bundestages. Von 1991 bis 1998 war er Parlamentarischer Staatssekretär, von 2005 bis 2013 Staatsminister im Bundeskanzleramt.

116 Eine Deutschlehrerin des Schulzentrums an der Lerchenstraße in Bremen-Nord hatte im Unterricht einer 9. Klasse im Rahmen einer Unterrichtseinheit „Literatur gegen Gewalt" Erich Frieds Gedicht *Die Anfrage* behandelt. Der CDU-Oppositionsführer Bernd Neumann nahm dies zum Anlass, am 3. November 1977 in eine laufende Sitzung der Stadtbürgerschaft einen Entschließungsantrag mit dem Titel „Betrifft: Verwendung grundgesetzwidriger Materialien in einer Schule in Bremen-Nord" einzubringen und disziplinarische Maßnahmen gegen die Lehrerin zu fordern. Es folgte eine hitzige Debatte mit dem Zwischenruf des SPD-Abgeordneten Henning Scherf Richtung Neumann: „Sie stehen in der Tradition

nationalsozialistischer Bücherverbrenner!" Georg v. Groeling-Müller ver-
wies auf das Schicksal von Erich Fried: „Erst darf er sich von den Nazis
malträtieren lassen, und jetzt fängt die CDU auch an!", worauf lt. Protokoll
im Weser-Kurier „starker Beifall bei FDP und SPD" folgte. In dem Gedicht
Die Anfrage werden die Terroristen Ulrike Meinhof und Horst Mahler ge-
nannt und wird der Begriff „Notwehr" verwendet. Wenige Wochen vor der
Debatte in der Stadtbürgerschaft war am 18. Oktober der Arbeitgeber-
präsident Hanns-Martin Schleyer von der RAF ermordet worden. Zit.n.:
Tiefer Riß im Bremer Parlament – SPD und FDP kritisieren „voreilige"
CDU-Vorwürfe gegen eine Deutschlehrerin, Weser-Kurier vom 5.11.1977,
S. 15; und *Durch Zwischenruf provoziert*, Leserbrief von Bernd Neumann,
Weser-Kurier vom 16.11.1977, S. 6.

117 Das erste „Deutschlandtreffen" fand vom 27. bis 30. Mai 1950 in Ost-Berlin
statt, mit ca. 700.000 Teilnehmern. Die erst später als verfassungsfeind-
lich verbotene FDJ in der Bundesrepublik hatte die Anreise der westdeutschen Teilnehmer mit organisiert. Die Rückreise von ca. 30.000 Teilnehmern in die Bundesrepublik wurde am Grenzübergang Herrnburg/Lübeck
zunächst verweigert. Dabei kam es auch zu Zusammenstößen mit der
westdeutschen Polizei. Die Erinnerung von Georg v. Groeling-Müller
spricht für die Vermutung, dass die DDR durchaus ein propagandistisches
Interesse an dem Rückstau an der Grenze hatte und diesen mitverur-
sachte, indem die Teilnehmer schon auf der östlichen Seite aufgehalten
wurden. Erst nach zwei Tagen löste sich die Menschenmenge durch ge-
ordnete Ausreise auf. Georg v. Groeling-Müller und sein Bruder waren
früher abgereist und wurden nur kurz aufgehalten.

118 Zwei SPD-Abgeordnete hatten sich im Plenarsaal an die Wand gelehnt
und dabei den Lichtschalter berührt. Der Weser-Kurier brachte dazu einen
Artikel: „Um 20.44 Uhr gingen die Lichter aus. Gerade hatte der Freide-
mokrat Georg von Groeling-Müller mit kraftvollen Worten das „Begräb-
nis der Gesamtschulen" beschworen, falls an den Reformbildungsstätten
die Orientierungsstufe eingeführt werde, da erloschen die Neonröhren

der Deckenbeleuchtung (...). Reagierte das Hohe Haus, nach mehr als zehn Debattenstunden (...) eher gelassen-heiter, fand der Redner das Zwischenspiel alles andere als humorig. Vorn Groeling-Müller zornbebend: „Ich finde es unerträglich, daß das Licht ausgeht."" Weser-Kurier vom 19.2.1977, S. 16.

119 Die Lucius-D.-Clay-Kaserne wurde zwischen 1975 und 1978 in Garlstedt für die 2nd Armored Division der US-Army erbaut. Bis 1992 waren dort 28.000 US-Soldaten stationiert. 1993 übernahm die Bundeswehr die Kaserne und richtete dort ihre Logistikschule ein.

120 Marianne Hänecke (geb. 1930) (CDU) war von 1963 bis 1987 Mitglied der Bremischen Bürgerschaft.

121 Zit. n.: *Parlament für Standort Garlstedt*, Weser-Kurier vom 3.9.1976, S. 11.

122 Hans-Heinrich Maaß (später Maaß-Radziwill) (geb. 1936) (FDP) war Gründungskanzler der Universität Bremen. Zuvor war er Syndikus der Bremer Landesbank. Er wurde vom Gründungssenat gewählt und von der Landesregierung (Senat) bestätigt, nachdem der zunächst vom Gründungssenat gewählte, aber vom Senat nicht bestätigte Peter Rabels auf eine Berufung nach Bremen verzichtet hatte. Maaß war zu dem Zeitpunkt nicht Mitglied der FDP. Er kandidierte später für die FDP in Bremen für das Europa-Parlament. Von 1970 bis 1983 war er Kanzler der Universität Bremen. Der Landesvorstand der FDP hatte nicht Maaß unterstützt, sondern wollte den damals noch parteilosen Horst-Jürgen Lahmann zum Gründungskanzler ernennen, der als Oberregierungsrat persönlicher Referent des damaligen Finanzsenators Speckmann war. Am Festhalten des Landesvorstandes und des Fraktionsvorstandes am Kandidaten Lahmann regte sich in den FDP-Kreisverbänden und in der Bürgerschaftsfraktion Kritik. Vgl. *Gründungssenat wählt Dr. Maaß zum Kanzler – FDP macht sich für Lahmann stark / Senat beschließt Dienstag*, Weser-Kurier vom 30.10.1970, S. 9.

123 Zit.n.: *Die FDP in Bremen rückt allmählich von ihrem Beschluß gegen Maaß ab – Zunehmende Kritik am Fraktionsvorsitzenden John / CDU will*

Änderung des Hochschulgesetzes, Weser-Kurier vom 31.10./1.11.1970, S. 10.

124 Vgl. *Neue Amtsbezeichnung bleibt erhalten – Opposition scheiterte mit Antrag auf Umbenennung / Parteienstreit um Flüchtlinge und Auswanderer*, Weser-Kurier vom 29.9.1977, S. 12.

125 Wilhelm Meier (geb. 1943) ist Landschaftsarchitekt.

126 Klaus Dieter Kück (geb. 1940) (SPD) war von 1975 bis 1979 Mitglied der Bremischen Bürgerschaft und von 1979 bis 2005 Ortsamtsleiter von Bremen-Burglesum.

127 Thomas Klumpp (geb. 1943), Architekt mit Büro in Bremen, der 1978 den Ideenwettbewerb zur Teerhof-Bebauung gewann und später u.a. das Kongresszentrum und das Universum in Bremen entwarf.

128 Wolfram Goldapp (1950–1995), Architekt, der gemeinsam mit Thomas Klumpp 1978 den Teerhof-Wettbewerb gewann und mit ihm später u.a. die Marterburg-Bebauung in Bremen entwarf.

129 Harm Haslob (geb. 1942), Architekt, der 1970 in Bremen ein Büro eröffnete und in den Neunzigerjahren u.a. ein Bürohaus und Wohnbebauung auf dem Bremer Teerhof entwarf.

130 Eberhard Kulenkampff (geb. 1927) (SPD) war von 1974 bis 1987 Senatsdirektor beim Senator für das Bauwesen der Freien Hansestadt Bremen.

131 Annemarie Mevissen (1914–2006) (SPD) war von 1947 bis 1951 Mitglied der Bremischen Bürgerschaft. Von 1951 bis 1975 war sie Senatorin, von 1967 bis 1975 als Bürgermeisterin zugleich Stellvertretende Präsidentin des Senats.

132 Vgl. *Nur dänische Pläne für Teerhof? Bremische Gesellschaft Lüder von Bentheim kritisiert „Ein-Mann-Entscheidung"*, Weser-Kurier vom 23./24.2.1980, S. 15.

133 Vgl. *Eine Resolution als Auftakt – Theaterverein bekennt sich zu Kurt Hübner*, Weser-Kurier vom 15.11.1971, S. 14.

134 Kurt Hübner (1916–2007) war Schauspieler, Regisseur und Theaterintendant, seit 1962 des Bremer Theaters, wo er den „Bremer Stil" schuf. Nach

langwierigen Auseinandersetzungen mit dem Bremer Senat verließ er in der Spielzeit 1973/74 das Bremer Theater.

135 Im Haus Atlantis in der Böttcherstraße befanden sich von 1945 bis 1981 die Bremer Kammerspiele, für die als Bremer Generalintendant auch Kurt Hübner zuständig war.

136 Franz Gauker (1936–2017) war Zollbeamter und Sammler vor allem zu den Themen Jazz und Theater. Seine Sammlung umfasste umfangreiches Material zur Geschichte des Bremer Theaters, besonders zur Ära von Kurt Hübner. Seine Theatersammlung gehört heute als „Franz-Gauker-Sammlung" größtenteils zum Bestand der Akademie der Künste in Berlin. Er lebte in einem Haus in der Schmidtstraße im Viertel in Bremen.

137 *Erinnerung an die Hübner-Zeit – Eine Ausstellung in der Bremer Stadthalle im Rahmen der HAFA*, Weser-Kurier vom 18.5.1987, S. 8.

138 Hübner war von 1973 bis 1986 Intendant des Theaters der Freien Volksbühne Berlin in Berlin-Wilmersdorf.

139 Das Deutsche Tanzfilminstitut Bremen wurde 1988 gegründet. Es sammelt audiovisuelle Tanzdokumente und umfasst über 40.000 Aufzeichnungen. Künstlerische Leiterin ist Heide-Marie Härtel (geb. 1950), die seit 1978 das Tanzfilmarchiv aufgebaut hatte – zunächst an der Universität Bremen.

140 Ingrid Matthäus-Maier (geb. 1945) (FDP, SPD) trat 1969 der FDP bei, wurde 1972 Bundesvorsitzende der Jungdemokraten und war von da bis zu ihrem Rücktritt 1982 Mitglied im Bundesvorstand der FDP. Von 1976 bis 1982 und von 1983 bis 1999 war sie Mitglied des Deutschen Bundestages, bis 1982 in der FDP-Fraktion, ab 1983 in der SPD-Fraktion. Wegen des Endes der sozial-liberalen Koalition auf Bundesebene war sie aus der FDP aus- und in die SPD eingetreten. Von 2006 bis 2008 war sie Vorsitzende des Vorstandes der KfW-Bankengruppe.

141 Rolf Bialas (1929–2010) (BHE, FDP) war Arzt. Er war seit 1955 Mitglied beim Bund der Heimatvertriebenen und Entrechteten (BHE) und nach dessen Fusion mit der Deutschen Partei (DP) der Gesamtdeutschen

Partei. 1965 trat er der FDP bei. Von 1970 bis 1974 war er Mitglied der Hamburgischen Bürgerschaft, von 1974 bis 1978 Hamburger Bausenator. 1982 wurde er in den Bundesvorstand der FDP gewählt. Im selben Jahr war er Spitzenkandidat der FDP für die Bürgerschaftswahl. Die FDP verpasste den Wiedereinzug.

142 Bundeswirtschaftsminister Otto Graf Lambsdorff (1926–2009) (FDP) hatte in einem Schreiben an Bundeskanzler Helmut Schmidt (2018–2015) (SPD) im September 1982 sein „Konzept für eine Politik zur Überwindung der Wachstumsschwäche und zur Bekämpfung der Arbeitslosigkeit" übermittelt.

143 Fritz Fliszar, seit Heirat 1998 Fritz Goergen, (geb. 1941) (FDP) war von 1979 bis 1983 Bundesgeschäftsführer der FDP. Als Berater von Jürgen Möllemann konzipierte er 2001 die „Strategie 18". Er trat 2002 nach der Bundestagswahl aus der FDP aus.

144 Theodor Spitta (1873–1969) (DDP, BDV, FDP) war von 1905 bis 1911 Mitglied der Bremischen Bürgerschaft. Von 1905 bis 1955 war er mit Unterbrechungen Senator und von 1945 bis 1955 als Bürgermeister auch Stellvertretender Präsident des Senats der Freien Hansestadt Bremen. 1947 hatte er die Bremische Landesverfassung entworfen, die im selben Jahr in Kraft trat.

145 Thomas Dehler war am 20. September 1963 im Rahmen des Bremer Bürgerschaftswahlkampfes Redner bei einer Veranstaltung in der Vegesacker Strandlust. Zu dieser Zeit war er Vizepräsident des Deutschen Bundestages und Mitglied des Bundesvorstandes der FDP.

146 Nach dem Gründungsparteitag 1948 in Heppenheim fand der 1. Bundesparteitag der FDP vom 10. bis 12. Juni 1949 in Bremen statt.

147 Wladyslaw Gomulka (1905–1982) war von 1956 bis 1970 als Vorsitzender der Polnischen Vereinigten Arbeiterpartei mächtigster Politiker Polens.

148 Linus Kather (1893–1983) (Zentrum, CDU, GB/BHE) war ab 1920 Rechtsanwalt und Notar in Königsberg und saß für die katholische Zentrumspartei im Stadtrat. 1945 gehörte er zu den Mitgründern der CDU in Hamburg.

Von 1946 bis 1949 war er Mitglied der Hamburgischen Bürgerschaft, von 1949 bis 1957 Mitglied des Deutschen Bundestages, zunächst für die CDU, ab 1954 für den Gesamtdeutschen Block / Bund der Heimatvertriebenen und Entrechteten (GB/BHE). Von 1949 bis 1954 war er Vorsitzender des Bundestagsausschusses für Heimatvertriebene. Von 1949 bis 1958 war er Vorsitzender des Zentralverbands vertriebener Deutscher (ZvD) bzw. des Bundes vertriebener Deutscher (BvD), einer Vorläuferorganisation des Bundes der Vertriebenen (BdV).

149 Bundeskanzler Konrad Adenauer hatte versucht, die angekündigte Kundgebung mit geplantem Schweigemarsch zu verhindern und hatte eine Bannmeile um das Bundeshaus gefordert – vergeblich. Am 18. Februar 1951, einem Sonntag, versammelten sich etwa 50.000 Menschen zu einer Kundgebung und einem Protestmarsch in Bonn, vor allem Mitglieder von Vertriebenen-Organisationen und Kriegsbeschädigten-Verbänden. Der Organisator und Hauptredner Linus Kather trug zwölf Hauptforderungen vor, in denen es um Entschädigungen und Lastenausgleiche ging. Der Regierungsentwurf zum Lastenausgleich ging ihm nicht weit genug. Die Proteste blieben friedlich. Wie der Weser-Kurier berichtete, nahm auch eine Gruppe aus Bremen an der Demonstration teil. Vgl. *Vertriebene protestieren gegen Lastenausgleich-Entwurf – Massenkundgebung und Schweigemarsch in Bonn*, vom 19.2.1951, S. 1. Auch die Beharrlichkeit Kathers führte zu der Fassung des Lastenausgleichgesetzes, das am 1. September 1952 in Kraft trat.

150 Heinrich Kramer (1907–1986) (FDP) war Unternehmer (J. Heinr. Kramer Gruppe) und von 1955 bis 1963 Mitglied der Bremischen Bürgerschaft. Von 1954 bis 1972 war er Vorsitzender des FDP-Kreisverbandes Bremerhaven.

151 Ingo Kramer (geb. 1953) (FDP) ist Unternehmer und war von 2013 bis 2020 Präsident der Bundesvereinigung der Deutschen Arbeitgeberverbände (BDA).

152 Rainer Ortleb (geb. 1944) (LDPD, FDP) war Mitglied der ersten frei gewählten Volkskammer der DDR. Von 1990 bis 1998 war er Mitglied des

Deutschen Bundestages, von Oktober 1990 bis Januar 1991 war er Bundesminister für besondere Aufgaben, danach bis zu seinem Rücktritt aus gesundheitlichen Gründen 1994 Bundesminister für Bildung und Wissenschaft. 2001 trat er aus der FDP aus.

153 Wolfgang Lüder (1937–2013) (FDP) war von 1975 bis 1981 Senator für Wirtschaft in Berlin, seit 1976 zugleich Stellvertreter des Regierenden Bürgermeisters. Von 1987 bis 1994 war er Mitglied des Deutschen Bundestages.

154 Helmut Schäfer (geb. 1933) (FDP) war von 1977 bis 1998 Mitglied des Deutschen Bundestages und von 1987 bis 1998 Staatsminister im Auswärtigen Amt.

155 Fritz Schaumann (1946–2017) (FDP) war von 1985 bis 1988 Mitglied des Landtages von Nordrhein-Westfalen. Von 1988 bis 1998 war er Staatssekretär beim Bundesminister für Bildung und Wissenschaft. Er war von der Gründung 1998 bis 2006 Präsident der International University Bremen (seit 2007 Jacobs University Bremen).

156 Guido Westerwelle (1961–2016) (FDP) war von 1983 bis 1988 Vorsitzender der Jungen Liberalen. Von 1994 bis 2001 war er Generalsekretär und von 2001 bis 2011 Bundesvorsitzender der FDP. Von 1996 bis 2013 war er Mitglied des Deutschen Bundestages, von 2006 bis 2009 als Vorsitzender der FDP-Fraktion. Von 2009 bis 2013 war er Bundesminister des Auswärtigen.

157 Axel Adamietz (geb. 1947) (BGL, FDP, B+B) war von 1979 bis 1983 für die Bremer Grüne Liste (BGL) und von 1991 bis 1995 für die FDP Mitglied der Bremischen Bürgerschaft. 2011 trat er der Bremer und Bremerhavener Wählergemeinschaft (B+B) bei. Olaf Dinné (geb. 1935) (SPD, BGL, Freie Wähler) war von 1979 bis 1983 Mitglied der Bremischen Bürgerschaft.

158 Als Bundesinnenminister hatte Hans-Dietrich Genscher 1970 gefordert, den Schutz der Umwelt verfassungsrechtlich zu verankern. Unter seiner Verantwortung wurde ein „Umweltprogramm der Bundesregierung" verabschiedet und die Gründung des Umweltbundesamtes beschlossen. Im Ministerium schuf er eine eigene Umweltabteilung.

159 Peter Menke-Glückert (1929–2016) (FDP) war von 1970 bis 1975 und von 1978 bis 1982 als Ministerialdirektor Leiter der Abteilung für Umweltangelegenheiten im Bundesinnenministerium unter den Ministern Hans-Dietrich Genscher, Werner Maihofer und Gerhart Baum.

160 Gerhart Baum (geb. 1932) (FDP) war von 1978 bis 1982 Bundesinnenminister.

161 Hermann Wolters (1910–1974) (KPD, SPD) wurde von der us-amerikanischen Militärregierung – noch als Mitglied der Kommunistischen Partei Deutschlands (KPD) – am 6. Juni 1945 zum Senator für Ernährung und Arbeitseinsatz ernannt. Nach der Zwangsvereinigung von KPD und SPD in der Sowjetischen Besatzungszone und wegen des antidemokratischen Kurses trat er im Mai 1946 aus der KPD aus und in die SPD ein. Dem Bremer Senat gehörte in verschiedenen Funktionen bis 1958 an.

162 Horst v. Hasselbach (1927–2016) wuchs auf Gut Riepen in Ostpreußen auf. Er war der Sohn von Friedrich Wilhelm Gerhard v. Hasselbach (1886–1955) und Barbara v. Hesselbach, geb. v. Groeling (1900–1945). Horst v. Hasselbach lebte nach dem Krieg zeitweise in Oldenburg und besuchte regelmäßig die Familie Müller bzw. v. Groeling in Bremen-Nord. In dieser Zeit engagierte er sich auch in der Frei-Sozialen Union (FSU) und hielt Vorträge, auch in Bremen.

163 Hans Steil (1895–1979) (SPD) war von 1946 bis 1963 Mitglied der Bremischen Bürgerschaft, deren Vizepräsident er von 1955 bis 1959 war. Von 1948 bis 1960 war er Ortsamtsleiter von Bremen-Burglesum.

164 Slogan der FDP zur Bundestagswahl 1972.

165 Helmut Fröhlich (geb. 1929) (SPD) war von 1967 bis 1971 Mitglied der Bremischen Bürgerschaft und von 1971 bis 1983 Senator für Inneres der Freien Hansestadt Bremen.

166 Jörg v. Groeling-Müller (geb. 1971) (FDP) trat 1987 der FDP bei und war von 1989 bis 1991 Vorsitzender des Bezirksverbandes Bremen-Nord der Jungen Liberalen.